COMPARAISON DES BUDGETS

DE 1830 ET DE 1843

PRÉFACE.

Il y avait une fois une Chambre et un ministre.... Mais cela vous ennuierait peut-être, je vais vous conter autre chose.

Il y avait une fois un Monsieur assez bonhomme et extrêmement riche. Il lui arrivait souvent de dépenser plus que ses revenus; mais il avait des velléités d'économies, et il aimait surtout qu'on lui fît bien croire qu'il était économe ou qu'il ne pouvait pas l'être. Ainsi, il dit un jour à son cuisinier : — Il y a toujours trop de hors-d'œuvre sur la table. — Ah! vous voilà encore avec vos idées, répondit le cuisinier ; ce n'est pas si cher, les hors-d'œuvre, et tout le monde les aime. (Il était quelquefois familier avec son maître, le cuisinier.) — C'est vrai, au fait, ça n'est pas cher, et tout le monde les aime.

Un autre jour, il dit : — Voilà un beau turbot. — Oui, il est assez beau. — Si vous le faisiez cuire avec de l'eau et du sel, tout bonnement, et quelques aromates ; on dit que c'est aussi bon. Il faut être économe, voyez-vous, Dominique. — Allons, vous allez vous mêler de la cuisine à présent! dit le cuisinier. Si tel est votre caprice, économisez, Monsieur, sur votre toilette, sur vos chiens, sur vos chevaux, sur vos maîtresses, sur vos œuvres plus ou moins pies, sur vos laquais et vos amis, et sur les amis de vos laquais et de vos amis; mais sur votre table, grand Dieu ! sur ce turbot, non! Je l'accommoderai, le divin turbot, à la Périgord, aux laitances de carpes, à la hollandaise, au coulis d'écrevisses, aux crevettes, à la reine, à la minime, à la Sainte-Menehould, en casserole..... je verrai, je consulterai les exigences du service. Mais le faire cuire à l'eau, le déshonorer, violer les principes les plus sacrés..... jamais! j'aimerais mieux..... me retirer dans un de vos châteaux, ou vivre modestement d'un petit emploi ou de mes petites économies. (Il était très-économe..... pour lui, le cuisinier, et même de mauvaises langues...) — Allons, allons, fit le Monsieur, ne vous fâchez pas; soyons raisonnables! faites-le cuire dans le petit vin suret que vous savez. — Rapportez-vous-en à moi; que diable! je ferai pour le mieux.

Et le prince de la mer fut cuit dans un riche et savant court-bouillon; et, le lendemain, le cuisinier dit au Monsieur en clignant de l'œil : — Eh bien?... — Ah! il faut être juste, c'était bon, c'était très-bon. Mais ne faisait-il pas double emploi avec la truite? du reste, j'en ai mangé deux fois comme tout le monde. — Il ne faisait donc pas double emploi. — C'est juste. — Je savais bien que vous seriez content. (Il savait son maître par cœur, le cuisinier.) — Comment l'avez-vous fait cuire? contez-moi cela..... pour mon instruction. — Vos désirs sont des ordres, et je vais vous décrire mon opération dans tous ses détails. Rien n'est plus simple: *primo;* d'abord j'ai fait faire une turbotière..... — Ah! mais vous en avez dix. — Nous en avons dix-huit, mais pas une n'était convenable. — Mais la grande? — Elle est trop grande. Il faut que la dimension d'une turbotière soit égale à celle du poisson. Je suis donc, mon Dieu!.... obligé de descendre aux rudiments de la science..... Par occasion, le turbot était si beau! j'ai dit à Jacques d'acheter une truelle d'or; l'avez-vous remarquée? — Une truelle d'or! mais nous en avons. — En vermeil. — Mais nous en avons une en or. — Elle est trop petite, et tout cela, vraiment, n'était pas digne d'une table comme la vôtre, ni d'un homme de votre distinction..... — C'est juste; mais je me ruine avec une table comme celle-là. Depuis dix ans j'ai recueilli des héritages; mon revenu s'est augmenté, et de beaucoup; j'ai haussé le prix de mes fermages. et tout cela ne suffit pas. Je fais des dettes, j'ai des dettes partout. — Faites un gros emprunt pour les payer toutes; vous serez tranquille. — Mais mes enfants? — Eh! ils en auront encore de reste; d'ailleurs, ils sont plus jeunes que vous, vos enfants, ils travailleront. — Au fait, ils travailleront, ces drôles..... Ils feront comme ils l'entendront, comme moi.....

AVANT-PROPOS.

De quel esprit donc étiez-vous possédé lorsque vous fabriquâtes l'*in-quarto* qui porte le titre de *Comparaison des budgets généraux des recettes et des dépenses de* 1843 *et de* 1830, lorsque vous déroulâtes le tableau des trois à quatre cents millions d'augmentation des budgets, pour arriver à la justification de quelques réformes incontestées?

Et encore les réformes que vous pleurez tous les jours ne furent point votre œuvre : il y a eu, Monsieur, il y a eu une révolution en 1830; et après le bruit des armes, il ne fut question que d'économie et de bon marché. Si vous ne m'en croyez pas, allez aux documents de l'époque; si vous m'en croyez, veuillez être aussi persuadé que jamais je n'affirmerai légèrement des faits graves. L'une de ces choses se fit en juillet : les autres se dirent et se promirent passionnément en août et même en septembre.

Il en fut dit et promis de ces dernières tant et tant, que les mots bon marché devinrent une trivialité, une mauvaise plaisanterie. Je me bornerai donc à citer ces paroles du premier président de la Cour des comptes, s'empressant, dès le 4 août, à la tête de sa compagnie, de haranguer le nouveau chef de l'État : « Nous savons que l'économie est un des plus solides « fondements de la force des empires, et le gage de la prospé- « rité publique....... » Vous souvient-il, Monsieur, qu'il fut répondu à votre compagnie : « J'entre entièrement dans ses « vues sur la nécessité d'une grande économie dans les « finances...... »

On était alors au milieu du dernier budget de la Restauration, voté pour 972 millions. En ce temps-là on trouvait que c'était trop. Bonnes gens, que les gens de 1830! Avez-vous souvenance aussi d'une certaine séance du 19 mars 1841, où M. Dupin tint justement ce langage :

« Quel est donc le moyen de se maintenir dans de justes « limites, et de ne pas augmenter indéfiniment l'impôt? C'est,

« je ne dirai pas comme on l'a fait après la révolution de 1830, « d'épiloguer, de lésiner sur de petites sommes. *Qu'est-ce qu'on « a réduit à cette époque-là? des misères!* Et puis, après avoir « passé trois ou quatre ans à déshonorer les services publics, à « en rendre quelques-uns impossibles, *à faire des économies in- « signifiantes, tout à coup on a pris un autre essor : chacun s'est « mis à pousser à la dépense*, du moment qu'on a entrevu « l'espoir de voir arriver, l'un son canal, l'autre sa route, « celui-ci son chemin de fer, celui-là la spéculation qui inté- « ressait sa localité. On ne proposait pas une seule chose à la « fois, une seule route, un seul pont, un seul édifice pour le- « quel il y avait une majorité désintéressée; mais on a fait des « propositions qui ressemblaient, permettez-moi de le dire, à « des chapelets dans lesquels on faisait entrer sept, huit, douze « propositions à la fois, pour amorcer autant de députations et « *se créer ainsi une majorité.*

« Qu'est-il arrivé ensuite? On a imaginé les compagnies avec « actions au porteur, des compagnies avec des actionnaires invi- « sibles, des compagnies qui admettaient des hommes publics « aussi bien que des hommes privés. *On a créé ainsi une nouvelle « classe d'hommes dans le pays, intéressés à pousser encore à la « dépense, parce qu'ils y trouvaient leur avantage personnel* sous « le voile de l'anonyme.... »

Il existe aussi de par le monde financier un volume broché en rose, signé *Laplagne*, timbré en haut des mots sacramentels : *Ministère des Finances*, intitulé : *Ordonnance du roi du* 31 *mai* 1838, *portant règlement général sur la comptabilité publique*, et commençant ainsi : « Sire, l'une des œuvres les plus « importantes de notre gouvernement représentatif est l'orga- « nisation de la nouvelle comptabilité publique. » A la page 346 de ce volume, il est dit, dans une savante notice : « Plusieurs « améliorations préparées depuis quelques années par le minis- « tère des Finances, se sont réalisées à la suite de la révolution « de Juillet...... Une révision générale, faite en 1829 pour « toutes les branches de cette grande administration, a conduit « à restreindre les dépenses du personnel et du matériel, inté- « rieur et extérieur, dans de nouveaux cadres fixés par des « ordonnances rendues à la fin de cette même année, et dont

« l'exécution a été suivie depuis 1830 avec un esprit d'économie « qui a souvent dépassé la limite des réductions projetées. » Nous verrons en son lieu comment les économies réalisées ont été absorbées par des augmentations correspondantes de dépense, quand vous n'avez pas offensé les améliorations préparées : laissons alors l'expression des sentiments de regret et d'orgueil qui avaient à lutter dans cette notice. Son auteur réel, ancien membre influent et réformateur de l'administration des Finances, a vu pour son nouveau traitement, descendu de 20 à 15,000 francs, *dépasser la limite des réductions* qu'il avait *projetées*, et, frappé de cette réduction, il a tout vu en réduction, comme l'homme qui a une grande douleur voit presque tout en noir, et veut que tout le monde soit triste. Constatons seulement qu'avant juillet 1830, il y avait des ordonnances économiques et commencement d'exécution. Personne, au surplus, ne le conteste, et dès le lendemain de la révolution; M. Laffitte le reconnut loyalement, largement, dans son discours de présentation du budget de 1831.

Héritiers de l'ancienne administration, il vous a d'abord fallu accepter les conditions de l'héritage; promettre même que vous feriez mieux qu'elle, et faire quelquefois; mais vos efforts ont tendu à reconstruire, à inventer des abus, des dépenses folles, des emplois inutiles qui sont l'âme et le sang de votre ministériat; car avec les chapelets de M. Dupin, les emplois par milliers et les gras budgets, vous marchez, à défaut d'autres conquêtes, à celle des électeurs qui vous enverront des députés selon les diverses convenances, et ceux-ci voteront pour vous, c'est-à-dire pour les abus, les emplois inutiles, les chapelets et les gras budgets.

Mais, direz-vous peut-être, il faut être de son siècle et de son pays, et l'on aime ces chapelets et les emplois en ce siècle et en ce pays. — Mais, à nous, pourraient dire les gourmands réunis en congrégation, à nous les morceaux friands! Qui donc les appréciera aussi bien que nous? — Mais je n'aurais songé à corrompre, dira l'homme accusé du crime de corruption, si je n'avais vu devant moi des hommes corrompus.

Je viens de citer un discours de M. Laffitte. Savez-vous, Monsieur, ce qu'il disait en présentant le *budget ordinaire de*

1831 : « Si nous pouvions compter sur le bienfait de la paix, « nous verrions peut-être, dans quelques années, notre budget « descendre par les extinctions successives, par les économies, « par l'atténuation de la dette, de 957 millions à 850..... » Or, vous l'avez eue la paix, et partout et toujours ! et votre budget ordinaire, *votre budget ordinaire!* est de 1,244 millions, un quart de milliard de plus qu'en 1830 ! et il s'en va grossissant ! Plus gros que celui de 1842, il est dépassé par celui de 1844, lequel déjà s'élève à 1,280 millions (toujours pour l'ordinaire), en attendant l'arrivée ordinaire des crédits extraordinaires. Si cela devait ou pouvait continuer, nos neveux, qui auraient ou qui n'auraient pas le droit de rire de nous, nous diraient piteusement : « Comment, nos oncles, le budget de votre temps n'était que d'un milliard, un milliard et quart, un milliard et demi ! Vous étiez bien heureux ! »

Mais il ne s'agit point ici des temps futurs. Voyons comment vous avez opéré et économisé depuis 1830. Passons la revue de vos budgets, ces évangiles à vous, lois des lois qui ne disent pas tout, mais qui disent beaucoup, beaucoup trop. Je dis *vous*, mais ce n'est pas à vous seul, monsieur Lacave, que je m'adresse : c'est à vous et à vos amis. Tout le monde sait que vous avez, *vous*, de louables pensées quelquefois. Pourvu qu'on vous permette d'augmenter le traitement des maîtres de la Cour des comptes, et aussi des présidents, — heureux ou malheureux ceux qui se soucient de l'avenir ! — et qu'on laisse quelque marge à la feuille des bénéfices de votre département (1), vous parlerez d'économies, et même vous en ferez, si on vous le permet; vous ferez tout ce que l'on voudra : mon Dieu, tout le monde sait cela de reste !

(1) Je crains qu'il n'y ait ici un jeu de mots ; car il y a le département ministériel des Finances, dont le siége est rue de Rivoli à Paris ; et le très-ministériel et ministérialisé département du Gers, dont le chef-lieu est Auch, capitale de l'ancienne Gascogne, et berceau de M. Lacave-Laplagne.

COMPARAISON
DES BUDGETS
DE 1830 ET DE 1843.

Dans quelles proportions est-il équitable pour le présent et prévoyant pour l'avenir d'imposer la propriété territoriale, les personnes, les consommations? — Quels progrès avez-vous faits depuis 1830 dans la solution de ce problème? Quels adoucissements avez-vous apportés au sort des contribuables? Quels bénéfices enfin avez-vous fait découler de la révolution, au point de vue des intérêts matériels, vos amours; des intérêts matériels par lesquels vous vivez et mourrez? Voilà des questions et des explications qui devraient trouver place dans vos documents monstres et comptes annuels. Voici le résumé de vos explications :

— Tel impôt donnera tant de plus que l'année dernière, tant de plus que nous ne l'avions dit ou prévu au budget primitif, au budget provisoire. — Bon! — Admirez, conservez notre administration, dites-vous tout haut. — Bon, dites-vous tout bas, cela nous donnera l'occasion et la facilité d'augmenter les dépenses. Tel autre donnera moins. — Tant pis. — Admirez notre administration qui a empêché le mal d'être plus grand. Les revenus publics sont plus élevés en 1843 qu'en 1830 : — c'est la conséquence de notre bonne administration, ou de l'impulsion que nous avons donnée à de grands travaux, à de libérales institutions. — Admirez ! Telles dépenses sont plus considérables cette année que l'année précédente, et ainsi chaque année, en remontant de 1843 à 1830 : — c'est un accident, ce sont des accidents dont nous ne sommes pas responsables, mais que nous avons réparés, que nous réparerons avec l'aide de la Providence et des Chambres ; c'est une nécessité impérieuse, c'est une conséquence de l'augmentation de l'impôt. Et d'ailleurs, le produit de l'impôt n'est pas thésaurisé ; pompé par le soleil de notre trésorerie, il retombe en pluie bienfaisante (1). — Admirez !

Vos aperçus économiques sont des espérances, des demandes d'augmentations diverses, ou des chiffres et des nomenclatures dont les ordonnateurs semblent n'aspirer qu'au titre d'artistes propres et corrects, ou des comparaisons sur le nombre des pages de tel livre opposé au toisé de tel autre. Hélas ! la comptabilité a noyé l'économie financière dans une écritoire ! Son savoir est dans un tiroir où elle puise des mots et des chiffres qui font des lignes et des pages ; et lorsque ses chiffres ont été fondus et tondus, elle les refond, les reforge, les retape, et les représente sous toutes leurs faces ; puis elle pose et se repose, et elle recommence. Donc vous faites remuer les chiffres, comme à un cheval, aveugle ou non, on fait faire de bonne ou de mauvaise huile, selon le grain ; vos caisses s'emplissent, comme des tonneaux reçoivent de bon ou de mauvais vin, selon l'année ; et les directeurs de la fortune publique sont des officiers de comptabilité, financiers comme les joueurs d'orgue de Barbarie sont musiciens.

Il ne m'appartient pas, sans doute, de faire des finances ou

(1) Mais il ne retombe pas toujours là où il avait été pompé.

de la finance, de l'économie ou de la science financière. — Comment appelez-vous cela ? — Mais il m'appartient, comme à celui qui tient votre plume, comme à celui-ci, comme à celui-là, au dernier comme au premier venu, de faire de la comptabilité ou de la cuisine financière. — Comment appelez-vous cela? — Je veux donc, et vais regarder dans votre pot aux chiffres, dans le poêlon où vous faites frire nos bourses et sauter nos écus.

Je ne suivrai pas votre note générale dans ses développements sur les dépenses votées spontanément par les conseils généraux, ou imposées d'office; sur les « travaux exécutés, dites-vous, dans les intérêts généraux du pays; » sur des explications, c'est-à-dire des têtes de chapitres où, d'une part, vous présentez des accroissements de dépenses pour extensions des services, pour renforcer les services, pour améliorer les services (et les traitements), et où, d'autre part, vous présentez sur ces mêmes dépenses un certain chiffre d'économies et d'atténuations (en somme moindre que les augmentations, bien entendu). Il est impossible de reconnaître là dedans autre chose que ceci : que vos améliorations n'ont pas amélioré nos affaires, et que nous y sommes, dedans. Même observation sur les recettes, si ce n'est qu'à un infiniment petit nombre d'exceptions près, elles présentent toutes *des améliorations*; qu'elles viennent de « l'extension de la matière imposable, » qu'elles soient affectées aux dépenses départementales, spéciales ou générales, ou qu'elles résultent de « perceptions nouvelles et de l'établissement de nouveaux services et impôts. »

Le résultat définitif est que les impôts et revenus directs et indirects de 1843 (sauf la plus-value que vous espérez) sont de. 1,125,771,768
Les mêmes revenus étaient en 1830 de. . . . 919,605,684

Et, par conséquent, ils sont (sauf la future plus-value) plus élevés de. . . . . fr.	206,166,084
A cette somme d'impôts et revenus.	1,125,771,768
ajoutons les produits de domaines et forêts de l'État, les rétributions universitaires, et divers autres produits.	80,401,592
Puis, cela ne suffisant pas, posons (sauf futures moins-values possibles) ce que vous appelez les ressources extraordinaires.	75,000,000
Additionnons et constatons que ce total de. . .	1,281,173,360
n'est pas suffisant encore, puisque vous avez évalué vos dépenses ordinaires et extraordinaires, sauf plus-values pour les ayants part, à.	1,353,261,377
Et à votre déficit qui sera ainsi pour 1843, sauf la balance des plus-values, de. . . . . fr.	72,088,017

opposons l'excédant de recette du budget voté pour 1830, lequel budget s'élevait (en y ajoutant, en recette et en dépense, 18,350,274 fr. pour des services spéciaux qui s'administraient alors en dehors du budget général),

En recette, à.	998,137,409	
En dépense, à.	991,190,153	
Excédant de recette pour 1830.	6,947,256	6,947,256

Et souffrez que je vous dise que, malgré l'extrême augmentation des recettes de toute nature, il y a dans le résultat final des budgets des deux époques, une différence anti-économique de.	79,035,275

Constatons encore que les excédants de recette étaient l'état normal de nos finances en 1830, et qu'aujourd'hui c'est le déficit qui est devenu normal. Vos dépenses sont telles, que sont devenues insuffisantes des ressources diverses de 1,281 millions de francs! Mon Dieu, qu'adviendrait-il, s'il surgissait une crise, puisqu'au milieu d'une paix profonde vous êtes obligés de recourir à la dette flottante, aux emprunts, aux expédients; puisque vous allez dévorer des emprunts qui ne sont pas encore réalisés!

Quel conseiller maladroit et bouffi vous a donc inspiré votre œuvre de comparaison? ou quel complaisant avez-vous fait souffler dans vos trompes et musettes, chanter vos louanges et louer vos économies?

Voyons maintenant les détails; voyons comment vous transformerez en économies ces augmentations de recette et de dépense, et comment vos économies sont des augmentations de dépenses et souvent d'impôts.

Pour éviter les longueurs, — je crains déjà que vous n'ayiez à vous en plaindre, — les diverses branches d'impôts et de produits (budget des recettes) seront examinées en même temps que les dépenses des administrations qui ont le soin de leur recouvrement.

Ministère de la Justice et des Cultes.

Ce ministère est celui que la bénigne colère de la révolution de Juillet a le plus maltraité!..... par des motifs politiques qui n'ont que faire ici. En outre, placé en tête des services publics, discuté le premier, il a eu pendant quelque temps à subir le premier choc de cette *furia francese*, de la fugace ardeur économique des députés. — Le calme leur est bien revenu. — C'est donc le ministère qui a été le plus déshonoré, comme dit M. Dupin.

SERVICE DE LA JUSTICE.

Les dépenses s'élevaient en 1830 à. . . . . fr. 19,529,020
Elles sont aujourd'hui de. 20,393,875

Et je m'empresse de reconnaître que l'augmentation de 864,855 fr., qui ressort après une réduction tempérée et proportionnelle, imposée aux traitements des premiers présidents et procureurs-généraux, est justifiée sur beaucoup de points; car, Monsieur, c'est un esprit de modération et d'équité qui domine ici.

Oui, l'élévation à 3,000 fr. du traitement de ceux des conseillers de Cours royales qui n'avaient que 2,500 fr., a été chose juste. Plus que juste, insuffisante encore a été l'élévation de 1,250 à 1,500, et de 1,600 à 1,800 fr. du traitement des juges de septième et sixième classe, car 12, 16 et 1,800 fr. sont les moindres traitements des commis de bureaux, dont le facile maréchalat vaut jusqu'à 3,000 et 3,600 fr. Et, soit dit, Dieu m'en garde, sans vouloir brocarder ni larder une classe intéressante et utile, et surtout si nombreuse de l'administration, le programme des connaissances exigées de beaucoup de ses membres est renfermé dans la lecture et l'écriture plus ou moins transcendante, tandis qu'il faut avoir fait déjà de longues études pour être seulement apte au titre de juge et à la dignité de conseiller, et souvent des avocats de mérite y aspirent en vain, ou longtemps, — quand ils n'ont que du mérite.

A une époque où priment..... les hommes qu'on voit primer, et où les trois mots honneur — considération — argent, forment comme un mot composé, cette insuffisance des émoluments d'une considérable portion de la magistrature semble d'abord inique; mais on cesse de s'en étonner, si l'on réfléchit que le populaire est ainsi éloigné tout naturellement, et que ce système dispense de promulguer (comme il a été fait pour l'admission à d'autres emplois) des règlements qui posent officiellement des conditions de fortune, et provoquent des critiques qui vous sont importunes et que vous dites factieuses.

Au reste, ce système, si contraire au principe de notre constitution, se révèle bien dans les efforts incessamment faits pour ressusciter les juges-auditeurs sous une forme quelconque..... Et à propos, comme on dit pour faciliter la transition, à propos des juges-auditeurs brisés par la révolution, comment se fait-il que leur suppression figure au milieu de vos explications sur ce que vous appelez *économies faites*....... puisqu'ils n'avaient pas de traitement?...... Ce renseignement ne peut vous venir de messieurs du ministère de la Justice; et pourtant ils ont travaillé à cette partie de votre comparaison : c'est à eux que doit appartenir cette incroyable note à propos de revirements et de la réunion des sceaux à leur département. « Le double résultat a été de procurer une recette de 120,000 fr., et de réduire la dépense de 7,500 fr. »

Mais cette note est erronée, Monsieur ! votre livre fourmille d'erreurs de ce genre : je vais discuter celle-ci, toute minime qu'elle soit, quant au chiffre, parce qu'elle apparaît dans le premier des services examinés, — ce ministère est malheureusement placé, disais-je en commençant, — et parce qu'elle me conduira à autre chose.

Les traitements actuels des employés de la division du sceau sont de 33,400 fr.; les dépenses, qui étaient précédemment à la charge de cette caisse, sont l'*indemnité* au *Journal des Savants*, 15,000 fr., et les secours temporaires à d'anciens magistrats, 40,000 fr.; enfin les frais du matériel du sceau sont, dites-vous, de 7,000 fr. : total, 95,400 fr. pour les dépenses.

Les autorisations de mariage entre beaux-frères et belles-sœurs, accordées depuis 1830, les nouveaux droits sur les changements et additions de noms, et les expéditions de plus en plus fréquentes de titres à votre nouvelle noblesse, ont fait élever les droits de sceau, de 49,106 pour 1851, à. . Fr. 180,000

Mais il faut remarquer que les deux tiers des produits des dernières années, à peu près, représentaient les droits sur lettres de naturalité, dispenses pour mariages et autorisation de servir à l'étranger. Or, déjà avant la réunion, ces droits étaient distinctement acquis au Trésor public, en vertu de la loi du 17 août 1828 (et non 1827, comme vous le dites trois fois par erreur). Ils figuraient au budget dès 1829; ils y étaient en 1830; et, d'un autre côté, il est certain que les droits nouveaux auraient été attribués au Trésor, et non à la dotation d'une caisse particulière : mais ne déduisons que la moitié. Fr. 90,000

Reste pour droits sur transmissions et concessions par le chef de l'État, de titres de noblesse, — puisque vous en donnez, — et quelques autres qui forment une recette nouvelle au budget. . . . . . Fr. 90,000

Nous venons de voir que la dépense est de. 95,400

La réunion complète aurait donc occasionné une perte de 5,400

Il n'y a pas de perte, comme on va le voir; mais perte ou bénéfice, il n'importe : il est bien que des dépenses et des impôts publics soient inscrits dans les services publics. La fusion de la caisse du sceau des titres fut donc une bonne réforme, et toute petite que soit ma part de remerciements, qu'il me soit permis de rendre hommage aux efforts que l'administration des Finances a faits, sous tous les gouvernements, pour l'adoption de réformes semblables; mais, qu'on lui doive ou non celle-ci, il ne fallait pas vous faire honneur, ou à peu près, d'un bénéfice imaginaire. Si vous teniez à faire ressortir un profit de la réunion, il fallait dire qu'elle a fait acquérir l'actif de cette caisse, qui s'élevait à 621,897 fr. 50 cent.

Les 75,000 fr. qu'un œil attentif peut croire être par vous présentés comme un soulagement, ne figurent point dans mon compte en recette ni en dépense : alloués par le budget comme subvention à la caisse des pensions du sceau, en même temps qu'une partie de ses produits était attribuée au Trésor, et devant décroître avec le nombre des pensionnaires, en vertu de la loi de finances de 1828, ils étaient reçus d'une part, puis payés d'une autre, par la caisse du sceau, et c'est aujourd'hui l'État qui paie sans intermédiaire ces pensions, figurant aujourd'hui pour 40,000 fr. peut-être à la Dette publique.

Maintenant, un mot : Le tableau de rapprochement que vous avez fait préparer avec le concours de tous les départements ministériels, dites-vous dans votre discours de présentation du budget de 1844, et dont vous vous êtes fait l'éditeur honoré, a-t-il été élucubré dans votre ministère, avec le banal visa des autres départements? ou bien a-t-il été élaboré dans chaque ministère intéressé, et seulement visé par vous? oui, ou non. Dans le premier cas, vous auriez été mal inspiré; car il y a bien des choses que chaque ministère était plus à portée que vos employés de connaître et de discuter. — Si c'est non, vous avez eu tort de laisser chaque ministère arranger, à ses façon et point de vue, des matières dont vos employés connaissent mieux les détails, sans doute.

Je continue et je copie textuellement, pour n'être pas accusé de calomnier *la comptabilité*.

« L'augmentation de 625,000 fr. (1), pour frais de justice,

(1) Ce ne serait que 600,000 fr.; car les 25 autres mille fr. sont alloués pour publication de statistiques.

« résulte de l'accroissement du nombre des crimes et délits; « mais il est à considérer que les recouvrements ont suivi la « même progression.

« En effet, l'administration de l'enregistrement a recou- « vré, en 1830, sur les condamnés et sur le montant des « amendes. . . . . Fr. 4,687,239

« La dépense n'ayant été que de (*Voir* le compte- « rendu). 3,318,190

« il y a eu excédant en recouvrement de. 1,369,049

« En 1840 les mêmes recouvrements se sont « élevés à. Fr. 5,731,858
« et la dépense à. 4,589,892

« Il y a donc eu également un excédant en recou- « vrement de. . . . . Fr. 1,141,966
« d'où l'on est amené à reconnaître qu'aujourd'hui, comme « en 1830, loin de lui être onéreuse, la dépense des frais de « justice profite au Trésor public de plus d'un million.»

La même cause nous explique l'augmentation du nombre des procureurs du roi, substituts et juges d'instruction.

Mais quel malin esprit vous a donc soufflé l'idée de cette déplorable comparaison, et vous l'a clouée à la tête sur une bosse que la phrénologie appelle je ne sais pas comment? Mais dans votre manie (pardon, je ne trouve pas d'autre expression) de tout expliquer ou bistourner au profit de votre idée fixe, vous avez réuni ce qui ne devait pas l'être, le recouvrement d'une partie des frais de justice et l'encaissement des amendes. Mais *le profit de plus d'un million* si étrangement aligné, *n'existe même pas!* Vous avez oublié qu'en cette année 1840, comme toujours, il a été, selon les lois, distribué aux communes, aux hospices et à divers, une somme de 1,395,718 fr. sur le produit des amendes encaissées (*Voyez* votre compte-rendu pour

1841, page 122). Et à l'augmentation ci-dessus des frais de justice, il faudrait ajouter l'augmentation de 678,794 fr. sur les dépenses de transport et d'entretien des condamnés dans les prisons, et aussi une portion d'une autre augmentation portée au ministère de la Guerre (qui vient d'en demander une nouvelle encore) pour accroissement de l'effectif de la gendarmerie (1).

Ces frais de justice sont évalués à 4 millions pour 1843, en attendant l'augmentation extraordinaire qui était votée chaque année, et que vous venez de classer à l'ordinaire de 1844. Et il fallait, Monsieur, glisser sur l'augmentation de six cent mille francs, ou nous *conter* quelques-uns de ces comptes que vous *contez* aussi complaisamment que si vous les *contiez* bien et si vous comptiez juste. Il ne fallait point rappeler, proclamer l'augmentation des crimes et des délits depuis 1830; celle-là, monsieur, est la plus lamentable de toutes vos augmentations. Un ennemi de la Révolution, dont vous êtes l'enfant, et que vous prétendez défendre, n'eût point autrement parlé. Il fallait revoir et rejeter, Monsieur, le travail inconsidéré et d'ailleurs inexact du jeune homme qui l'a commis.

Je me réjouissais, après ces longues critiques, d'avoir à signaler une bonne économie, née de *Juillet*, et résultant pour le budget actuel de la suppression des ministres d'État, cette institution qui était par trop de *monarchie de droit divin*, comme on disait à l'époque de ladite suppression (28 août 1830)..... Mais j'ai eu beau chercher dans vos nomenclatures comparées, je n'ai pas trouvé trace de cette économie. Par quel motif l'avez-vous négligée, vous qui posez des économies là où il n'y en a pas? par quel art comptabilique l'avez-vous dissimulée? par

(1) Il faut cependant dire que d'autres causes que les crimes et délits ordinaires entrent pour une part dans ces augmentations, principalement pour ce qui concerne la gendarmerie.

quelle inconcevable erreur l'avez-vous omise? Votre motif ne me regarde pas; mais j'ai voulu me rendre compte de votre agencement de chiffres. Le voici :

Le budget de 1830 comprenait, sous le titre de *conseils du roi*,

1° *Les traitements des ministres d'Etat* pour. . Fr. 86,000

2° *Les dépenses du personnel du conseil d'Etat* pour. 484,300

Et c'est le produit de la réunion des deux chapitres, ci. 570,300

que vous mettez *sous le simple titre de conseil d'État*, et que vous comparez avec le chapitre restant pour 1843, et qui est de. 622,200

trouvant ainsi le moyen de dire que les dépenses du personnel du conseil d'État (y compris celles des bureaux) n'ont été augmentées que de. 51,900

au lieu de 137,900, et aussi le moyen de ne pas parler des ministres d'État, par l'embarras de faire ressortir l'économie de leur suppression, ou par des motifs que j'ai dit n'être pas de ma compétence. Il y a là dissimulation, ou plutôt simulation ou erreur grave, — il n'importe; mais il faut remarquer l'air de bonhomie du jeune homme dont je viens de parler, commettant sa simulation ou son erreur : « Il devrait, dit-il, « y avoir diminution au lieu d'une augmentation; mais il est à « remarquer que le crédit de 622,200 porté au budget de 1843, « représente la dépense au complet, tandis que, sur celui de « 570,300 pour 1830, il avait été fait à l'avance déduction « d'une somme de 110,000, à laquelle était évalué alors le « produit du cumul. En effet, à cette époque, un grand nombre « de conseillers d'État, et maîtres des requêtes, se trouvaient « revêtus d'autres fonctions publiques et ne touchaient sur les

« fonds du conseil qu'un faible supplément de traitement. Au-« jourd'hui il n'y a que deux conseillers d'État qui ne reçoivent « pas leur traitement entier..... » Sur les fonds du conseil, le sens de cette dernière phrase l'indique. Pourquoi donc alors la dépense est-elle *portée au complet* dans le budget de 1845, sans déduction pour *le produit du cumul*, ainsi que vous le dites par une ellipse..... un peu trop forcée?

Mais, à propos d'observations sur le cumul, — de qui est, s'il vous plaît, celle-ci, que je trouve dans le résumé des belles choses obtenues depuis 1830, en fait de finances, bien entendu : je vois sous ce titre : « *Améliorations de traitements, solde,* « *allocations et prestations diverses,* » plusieurs augmentations de dépenses et agrandissements de cadres et de traitements, et à leur tête cette ligne que je copie en toutes lettres et en toutes virgules : « *Traitements de membres du conseil d'État qui, se trouvaient en 1830, assujettis à la loi du cumul......* 51,900. »

Comme le cumul n'a pas été rétabli, auriez-vous pris un regret ou une espérance pour une réalité, vous, monsieur Laplagne-Lacave? car le passage ci-dessus est dans un résumé général dont mon jeune homme de la justice est innocent.

Je demande pardon à Messieurs de la Justice et à qui que ce soit, de demeurer aussi longtemps sur ce ministère; mais ayant à vous présenter des observations critiques sur l'esprit qui domine dans l'œuvre comparative, et n'ayant pas la prétention de faire un livre de chiffres, j'ai dû, pour justifier ma critique, faire voir votre esprit tout d'abord, et j'ai commencé par le premier ministère dans l'ordre de classification. — Ce ministère est placé malheureusement. Je n'ai pas voulu choisir d'autres services plus attaquables cependant, pour qu'on ne dise pas que j'avais choisi.

Service des Cultes.

La dotation du culte catholique avait été portée, pour l'exercice 1830, à . . . . fr. 35,551,500
Elle figure au budget de 1843 pour. 35,967,300

La révolution de Juillet a tout d'abord fait retrancher du budget 200,000 fr. alloués précédemment pour une maison des hautes études ecclésiastiques; 1,200,000 accordés aux petits séminaires; 150,000 francs pour le traitement supplémentaire (30,000 fr.) des cardinaux; 50,000 fr. sur le traitement de l'archevêque de Paris, qui est aujourd'hui de 40,000 fr., après une autre réduction de 25,000 fr., et puis une augmentation récente de 15,000 fr.; 310,000 fr. sur diverses dépenses diocésaines; près de 400,000 fr. sur les fonds accordés pour réparation des églises, et divers secours à des établissements religieux et congrégations. Plus tard, lorsque les crédits provisoires cessèrent, et que le budget fut discuté, les Chambres réduisirent à 10 et 15,000 fr. les traitements des évêques et archevêques, économisèrent encore sur les bourses des séminaires, sur le chapitre de Saint-Denis, et firent ce qu'on pourrait appeler un peu plus que des économies sur l'entretien et les réparations des églises et cathédrales (monuments ecclésiastiques). De toutes ces économies il résulterait une diminution, s'il ne résultait une augmentation de celle des desservants et des vicaires (1),

(1) Cette phrase serait *originale* si elle n'était une imitation *de celle de la comparaison*, où il est dit, à l'occasion de l'augmentation du nombre des desservants :

« Il en résulterait une augmentation de dépense de . . . . . . fr. 3,309,800
« S'il ne résultait une diminution de 1,022,000

« de celle des desservants septuagénaires et sexagénaires, auxquels dont le nombre a été considérablement augmenté depuis 1830 (1), et si plusieurs dépenses n'eussent été successivement rétablies sur des chapitres qui avaient été réduits. Cependant furent maintenues la réduction sur le traitement des évêques et archevêques, ainsi que la suppression de la maison des hautes études ecclésiastiques et de la subvention aux petits séminaires. Un supplément de 10,000 fr. a été alloué aux cardinaux (2).

Les diverses dépenses du culte protestant s'élèvent à 1,199,000 fr. — Augmentation sur 1830, 479,000 fr., provenant, indépendamment d'indemnités et secours aux communes et à des pasteurs, de l'accroissement du « nombre des emplois « des cultes protestants, qui était de 524, à divers taux, en 1830, « et qui est de 694 au budget de 1843. Il en résulte une aug- « mentation de dépense de 208,050 fr. — Une allocation de « 175,000 fr. a été ajoutée au budget de 1843, pour porter à « 1,500 et à 1,800 fr. les traitements de 1,200 et de 1,500 fr. « des pasteurs de troisième et de deuxième classe. » — Ce n'était que justice d'ajouter ces 175,000 fr. au budget pour les *emplois* de troisième et de deuxième classe; mais ce n'est pas à vous, cette fois, qu'est due cette augmentation. C'est sur l'insistance d'un membre de la Chambre des députés qu'elle fut votée, et voici ce qu'on lit dans votre budget de 1843:

Amélioration du sort des Pasteurs. — « On a déjà fait connaî-

« des traitements de 1,000 fr. et 900 fr. étaient payés, et dont les « successeurs au-dessous de soixante ans ne reçoivent que 800 fr. »

Reste en augmentation . . . . fr. . 2,287,800

(1) Le nombre des desservants est de 26,000, et sera porté à 27,000 ; celui des curés est de 3,300; celui des vicaires, de 5,700 ; celui des vicaires-généraux, de 175; celui des chanoines, de 675, et celui des évêques et archevêques, de 80.

(2) Aux 415,800 fr. d'augmentation pour le culte catholique, il faut peut-être ajouter 79,000 fr., portés au ministère de l'Instruction publique, pour complément d'organisation des Facultés de théologie.

« tre en 1842 combien il était urgent d'améliorer la situation « d'une partie des pasteurs protestants... Ils ne reçoivent pas « de casuel, et ont souvent à desservir des paroisses fort éten- « dues, et situées dans des pays très-difficiles, tels que, etc ... « Très-peu d'élèves des établissements se décident à suivre la « carrière des études théologiques. L'amélioration du sort des « pasteurs serait le plus sûr moyen d'empêcher que les églises « protestantes manquent de pasteurs. Les traitements sont « de 2,000, 1,500 et 1,200 fr., fixés par un décret du 15 ger- « minal an XII. Depuis que ce règlement fut fait, les charges « de toute espèce se sont accrues dans une proportion bien « grande, et l'on ne saurait douter qu'une rétribution alors ju- « gée convenable ne soit complétement insuffisante aujour- « d'hui. Comment concevrait-on qu'un pasteur et sa famille « pussent vivre dans un chef-lieu de département dont la po- « pulation n'est que de quelques centaines d'individus inférieure « à 30,000 âmes, avec une subvention de 1,500 fr...?—On a « cru devoir renouveler cette observation en attendant que des « circonstances favorables permettent aux Chambres, etc...... « *Il est vivement à regretter que l'état des finances n'ait pas en- « core permis de proposer une augmentation.* »

Et il est dit, quelques pages plus loin, dans le même volume, en demandant des augmentations : « Le ministre de France en « Wurtemberg ne reçoit que 40,000 fr. Ce traitement pouvait « suffire à l'époque où il fut établi ; il n'en est plus de même au- « jourd'hui : le luxe a fait des progrès à Stutgard comme par- « tout..... » En proposant d'élever de 16 à 20,000 fr. le trai- tement du consul de Charlestown, etc... : « Le prix de toutes « choses s'est élevé à Charlestown comme dans les autres places « commerçantes de l'Union américaine.... » Proposition sem- blable pour Venise, où « la vie est au moins aussi chère que « dans quelques autres résidences plus favorisées.... » etc., etc., et beaucoup de etc., pour des demandes d'augmentations analogues.

Et voilà encore des échantillons de votre esprit!

Les dépenses du culte israélite n'apparaissaient, en 1830, que dans un paragraphe d'article de la loi des recettes. Au milieu des autorisations données à divers de s'imposer, en dehors du budget, des taxes pour pavage, mesurage, endiguage, les Israélites trouvaient celle de répartir entre eux « des sommes pour « le traitement des rabbins et autres frais *de leur culte.* » Le budget, loi suprême, n'a fait que consacrer une chose juste et qui était dans nos mœurs, en dotant ce culte; et ce qui serait justice encore, ce serait d'augmenter son infime subvention de 91,000 fr. Puisque tous les cultes sont salariés par l'Etat, il ne faudrait pas que la disproportion des salaires de leurs ministres fût aussi grande que celle qui est aujourd'hui : *la moitié des* 103 *rabbins* inscrits au budget n'a qu'un traitement de 300 fr., d'autres n'ont encore que 4, 5 et 600 fr., et c'est insuffisant, sous quelque aspect qu'on envisage cette question d'argent.

Affaires étrangères.

Les dépenses de 1843 ont été votées pour. . . . fr.	8,453,291
En 1830, pour.	8,116,000
et « elles n'ont été augmentées que de. . . .	337,291

« *Explications*. Les réductions et les économies réalisées ont « atténué d'une manière notable les résultats de l'accroisse- « ment du service. Sans elles, le budget de 1843 présenterait « une augmentation de 1,067,000 fr. »—Grand merci de vos « économies. »

Continuons : « En effet, depuis 1830, il a été créé... 38 lé-

« gations, consulats et vice-consulats. » Nous allons voir. Ci, pour l'augmentation. . . . . fr. 822,000

« Les événements de l'Orient ont donné lieu « à une dépense spéciale de 100,000 fr. pour se- « cours à distribuer aux chrétiens de Syrie. » Êtes-vous protégés et secourus, heureux chrétiens de Syrie! Priez, priez beaucoup, priez pour la France, priez pour. 100,000

« Depuis 1830, le budget a été chargé de « l'entretien des maisons consulaires, dépense « qui, jusque là, avait été supportée par la Cham- « bre de commerce de Marseille, moyennant un « droit de 2 0[0 qui a été aboli. » Où est, s'il vous plaît, le bénéfice pour les contribuables qui paient à un autre titre 40,000

« Enfin, à partir de 1836, le budget mentionne « une subvention pour la caisse des retraites de 105,000

1,067,000

Très-bien. Voyons les économies :

« Suppression de 39 consulats et vice- « consulats devenus inutiles.	329,709	729,709
« Réductions sur les traitements du « service intérieur, les traitements « d'inactivité, présents diplomatiques « et diverses dépenses variables. . . .	400,000	

« Il résulte de ces faits que, dans une période « de douze ans, l'administration a fait face au sur- « croît de dépenses exigé par l'extension de nos « rapports politiques et commerciaux, au moyen « d'une faible augmentation de. 337,291

Mais, Monsieur, il résulte de vos chiffres, tout incomplets

qu'ils soient, comparativement à tous vos chapitres, que si le cadre des employés de l'administration et des agents en inactivité a *subi* une réduction, les charges de la caisse des retraites (c'est-à-dire des contribuables) ont subi une augmentation, et que si l'extension de nos rapports politiques et commerciaux a exigé une augmentation de trente-huit agents en activité pour une dépense de. . . . . fr. 822,000

les mêmes rapports (alors détendus au lieu d'être en extension) ont fait supprimer trente-neuf autres agents dont la dépense n'était que de. . . . 329,700

En sorte que, malgré l'extension de nos rapports, nous avons pu économiser un agent extérieur, et, ce qui est beaucoup plus clair, que, malgré vos économies, nos dépenses ont éprouvé sur ce chapitre une extension de. 492,300

Comme la politique est étrangère à ces explications, passons à un autre chapitre.

Ministère de l'Instruction publique.

Les diverses dépenses qui forment aujourd'hui les services de ce ministère s'élevaient, en 1830, à 7,400,000 ; elles sont aujourd'hui de 16,500,000 fr., et l'augmentation de 9,100,000 fr. résulte de l'extension immense qui a été donnée à tous ces services depuis la révolution de Juillet. Le nombre des facultés, celui des chaires, et les traitements dans ces facultés, ont été augmentés : des chaires aussi ont été créées au Collége de France ; les dépenses des établissements scientifiques et littéraires (Institut, Jardin-des-Plantes, Bureau des longitudes, Bibliothèques publiques de Paris, etc.) se sont accrues ; l'École normale a été rétablie ; des documents inédits relatifs à l'histoire nationale sont annuellement publiés ; l'Académie des Sciences morales et politiques a reconquis sa place à l'Institut et au budget ; les droits de présence des professeurs aux examens des hautes études ont été augmentés ; il a été pris des souscriptions plus considérables à divers ouvrages, et donné plus d'encouragement aux sciences et aux lettres ; enfin, le nombre des colléges royaux a été augmenté ; « des missions scientifiques seront con« fiées à des hommes instruits et éclairés qui enrichiront la « France du résultat de leurs recherches, » et l'instruction primaire, pour laquelle il n'était alloué que 300,000 fr. en 1830, est inscrite pour 6,993,000 fr. (y compris 500,000 fr. pour les inspecteurs de ces écoles) dans les dépenses de ce ministère (en outre de 3,836,000 fr. payés sur les fonds des communes). — Aussi, en présentant tous ces accroissements de services et de dépenses, l'historien de ce ministère s'écrie-t-il : « L'intérêt, « la gloire du pays, ne permettaient pas de laisser nos grands « établissements dans un état stationnaire : des augmentations « progressives sont indispensables pour les maintenir au rang « qu'ils occupent en Europe. » Cette phrase est belle, cette phrase est bonne, cette phrase est belle et bonne.

Peste ! on voit bien que nous sommes dans le *royaume* des lettres (pour ne pas me servir d'un mot qui vous ferait mal, quoique consacré). Il y a beaucoup de phrases parmi vos chiffres progressifs qui renferment le même sens, mais il n'y en a pas qui soient ainsi formulées. — A la Marine, cependant, il y en a de bonnes aussi. — « *L'intérêt*, la *gloire* du pays..... » Ce n'est pas chez vous ni à la Guerre qu'on s'exprime ainsi.

Mais les chaires où il y a deux, trois, et, si vous voulez, quatre auditeurs complaisants, parents ou amis, sont-elles bien nécessaires? mais les écoles préparatoires de médecine et de pharmacie nouvellement instituées peuvent-elles atteindre le but qu'on s'est, dit-on, proposé (1)? Non, Mais beaucoup de missions et de souscriptions ne sont-elles pas de simple utilité ministérielle, c'est-à-dire d'inutilité publique? mais l'*affaire* des documents inédits est-elle vraiment conduite au mieux des intérêts de l'histoire et de nos intérêts pécuniaires? mais ces armées de conservateurs qui ne conservent pas toujours, d'inspecteurs qui inspectent ou n'ont pas à inspecter des professeurs qui professent ou ne professent pas, et des services qui marchent tout seuls ou ne marchent pas, sont-elles des dépenses aussi utiles à ceux qui les paient qu'à ceux qui sont payés, qu'à ceux qui les font payer? mais des traitements élevés ne se cumulent-ils pas jusqu'à devenir une insulte à la gêne des professeurs communaux, à la misère d'instituteurs primaires, qui ont pour l'année les traitements de quinze jours, de huit jours, des cumulards, c'est-à-dire quelque trois, quatre à cinq cents francs pour acheter du pain?... Mais où en sont vos promesses d'une loi sur l'instruction secondaire? (... Si elles n'étaient que dans la Charte!... mais elles sont dans des discours du trône et de ministres.) Mais l'..... mais j'aime mieux reconnaître le bien qui a été fait, et profiter de l'occasion.

Indépendamment de l'accroissement des services ci-dessus et des améliorations apportées avec des abus, les unes faisant passer les autres, dans les degrés supérieurs, de grands développements ont été donnés à l'instruction secondaire. Aujourd'hui, comme il y a quinze ans, comme il y a soixante ans, on met encore *huit années* bien comptées *à faire* ce qu'on appelle *ses*

(1) Non ; ce sont des places à distribuer. Il eût été préférable, dans l'intérêt de l'enseignement, de doubler le nombre des professeurs titulaires dans les Facultés de médecine, de manière à ce qu'il y eût deux professeurs pour chaque même branche de l'art de guérir. On eût alors stimulé le zèle des professeurs, qui se seraient trouvés comme contraints de se tenir au courant de la science. On eût évité le scandale encore de cours sans auditeurs, même dans la première de nos Facultés.

classes; mais elles sont mieux employées, et l'enseignement et les leçons mieux réparties comprennent une plus grande variété d'études productives. On acquérait jadis de l'instruction dans les colléges, aujourd'hui on y reçoit de l'éducation. Outre les deux langues savantes dont la vieille Université vous faisait frotter à la journée, on enseigne bien véritablement aujourd'hui la langue française, et même une langue vivante, et voici en raccourci un programme qui ferait tressaillir l'ombre d'un ancien grand-maître, bien que tous les articles ne soient pas nouveaux :

« Grammaire française et rédaction, littérature française.
« Dessin linéaire et dessin de la figure, perspective. Tenue des
« livres pour le commerce, pour les exploitations rurales, pour
« la comptabilité militaire. Langues vivantes. Arithmétique
« commerciale. Géométrie, plans, arpentage, toisé. Mécanique
« avec lavis des machines. Histoire naturelle. Physique, chimie
« avec leurs applications. Histoire et géographie. Connaissance
« des produits commerciaux. Législation relative au commerce.
« Opération de change intérieur et extérieur. »

Ce programme est-il exécuté dans tous les colléges, peut-il l'être? Non. Il est accordé aux quarante-huit colléges royaux une subvention annuelle et d'autres grands avantages qui leur permettent de se maintenir à l'état de types; mais les *colléges communaux*, réduits aux subventions trop souvent mesquines des localités, ne peuvent suivre que de loin les établissements qu'on leur présente comme modèles, et la plupart sont délaissés par les familles, parce qu'ils sont défectueux, et sont défectueux parce qu'ils sont délaissés. Prenez pour eux où il y a trop.

Il faudrait posséder le pouvoir de faire un livre pour discuter des questions qui se lient si intimement à la moralité de notre pays, à ses libertés, à son avenir. — Une nation est plus morale lorsque ses habitants sont pénétrés de leurs devoirs, comme il y a plus de liberté là où les hommes connaissent tous leurs droits. Vulgariser l'instruction, propager les lumières, c'est donc hâter la conclusion du grand procès qui doit se vider un jour entre vous et nous. Faut-il vous remercier du progrès qui a été introduit dans tous les degrés de l'enseignement, sans rechercher si, de votre part, le bien a été volontairement ou forcément fait? Oui; mais il est aussi juste de dire que c'est dès le lendemain de la révolution de Juillet que les fonds pour l'instruction primaire ont été considérablement augmentés; que les lois sur la matière ont été comme un besoin, un vœu, un acte de souveraineté nationale dressé sur un programme de deux députés dont la France a gardé le souvenir (MM. Salverte et Daunou), et constaté, il faut le dire aussi, dans le dernier budget de la Restauration, qui s'exprimait ainsi, en portant de 100 à 300,000 fr. le chapitre de l'encouragement à l'instruction primaire: « Ce fonds, destiné principalement à fournir des secours « aux communes qui ne peuvent subvenir entièrement par leurs « propres ressources aux dépenses de l'instruction primaire, à « former des écoles normales primaires, à faire composer et à « répandre des livres élémentaires utiles, à donner des encou- « ragements aux instituteurs qui se distinguent par leur bonne « conduite et leur capacité, et à secourir ceux qui sont âgés ou « infirmes, suffira difficilement, même avec l'augmentation ré- « clamée, à des besoins aussi nombreux, aussi variés et aussi « urgents. »

On voit donc, sans remonter au temps où il était fait grâce à tout criminel condamné qui savait lire, que ce n'est pas vous qui avez *inventé* les encouragements à l'instruction.

Ministère de l'Intérieur.

Ce ministère est resplendissant d'augmentations (mais ce n'est pas pour cela qu'il est remarquable entre les autres); il est remarquable par la brièveté et la défiance d'elles-mêmes que présentent les explications données sur les *causes des différences* (lisez *augmentations*, bien entendu) *entre* 1830 *et* 1843. Ainsi on lit : « Augmentations votées par les Chambres elles-mêmes. « — Améliorations reconnues indispensables et votées par les « Chambres; — cette augmentation ne peut être vue qu'avec « faveur. — Résultats des événements politiques; — se défend « de soi-même, etc. » — Le résultat final est une dépense de 98 millions, et une augmentation formulée ainsi :

« Accroissements effectifs de dépenses. . . . fr.	6,296,160
« Augmentation qui se balance en recette et en dépense.	36,885,030
En plus à 1843. . .	43,181,190

Dans l'augmentation qui se balance si heureusement, figurent : 1° 10,600,000 fr. de produits d'emprunts locaux pour divers besoins, et de contingents des communes et des particuliers pour travaux de chemins vicinaux; 2° 26,200,000 fr. d'augmentation des fonds départementaux, lesquels sont alimentés par ces complaisants centimes, imposés additionnellement à nos contributions directes pour d'autres besoins et d'autres chemins vicinaux, pour les routes départementales, etc. Et tous ces centimes et tous ces produits ne sont pas des impôts proprement dits, prétendez-vous, je ne sais combien de fois? Vous dites même quelque part : « Cette augmentation de dé- « pense n'est qu'apparente et se trouve balancée par l'accroisse-

« ment, en somme égale, qu'éprouvent au budget les recettes « correspondantes. »

Certes, la plupart de ces dépenses départementales, communales et spéciales, sont inévitables, sont même profitables non-seulement aux localités où elles se font, mais au pays tout entier, qui s'enrichit des améliorations partielles ; mais elles n'en sont pas moins payées avec l'argent des contribuables. Et, quand il vous ont donné de ce bel et bon argent, pour cela et pour d'autres choses, et puis pour d'autres dépenses et pour d'autres choses, ils acquièrent le droit de vous dire : C'est assez, c'est trop d'impôts ; et c'est une dérision de leur répondre qu'ils se trompent, qu'en finances, c'est-à-dire en comptabilité, on n'appelle *impôts* que ce qui est jeté pêle-mêle et à la pelle dans les coffres du Trésor public, tandis qu'une portion de leur argent est nomenclaturée à part, dépensée dans tel département et non dans tel autre, et que le profit matériel ou moral revient à quelques-uns plus ou moins indirectement, de préférence à d'autres (Voir au chapitre des Contributions directes).

L'accroissement qui se balance ou ne se balance pas en recette, c'est-à-dire qui forme un des flots de votre déficit, se subdivise en une infinité de chapitres où apparaissent pour 383,000 fr. les traitements des employés du télégraphe, et les créations de nouvelles lignes, qui n'ont effectivement pas leur équivalent dans les recettes, du moins on n'en voit pas ; les secours aux étrangers réfugiés, plus de 2 millions qui seront insuffisants ; dépense digne de la France. — Unique pays où l'on secourt les infortunes politiques, autrement que par des vœux ou des banquets, — mais qui fait murmurer les infortunes de ce pays à peu près abandonnées ; 156,800 fr. pour « insertion « au budget de l'État des dépenses du Conservatoire de Musique, « qui, antérieurement à 1830, étaient supportées par la Liste « civile ; » et le transport des condamnés par voitures cellulaires, et beaucoup de secours et de subventions, qui seraient à l'abri de toute critique, si le ministère de l'Intérieur n'en eût presque toujours usé dans son intérêt seul, dans l'intérêt de sa politique.

Quelques minimes réductions de dépenses se font remarquer aussi ; ce sont les dépenses secrètes, qui demandent toujours un supplément, — dans les temps d'orage pour l'apaiser ; dans les moments d'inquiétude pour la dissiper ; pendant le calme pour l'entretenir. — Les subventions aux théâtres royaux, pour lesquels vous venez de demander une augmentation qui sera permanente sans doute ; la principale réduction est celle qui a porté sur les traitements des préfets et sous-préfets, *amoindris de 371,800 fr.....* Mais vous venez de demander la réparation d'une partie de ces égarements économiques..... mais les abonnements qui leur sont alloués pour frais d'administration ont été *augmentés de 602,550 fr.*, que j'avais omis ci-dessus avec quelques autres qui n'ont pas de *compensation*, et, plus que cela, en diminution.

Ministère du Commerce.

Ce sont les travaux et les emplois inutiles, ou inventés pour la corruption et pour la faveur, qui font exagérer les dépenses et les impôts, *balancer* les budgets par les déficits, et murmurer les contribuables, c'est-à-dire tout le monde — tout le monde, puisque le pauvre homme qui ne mange que du pain, ne possède qu'une veste, et ne boit de vin que le dimanche, paie par intermédiaires sa part de l'impôt foncier, de l'impôt sur les boissons, des patentes et le reste : et la part de tous serait moindre, s'il n'y avait que des travaux utiles, des emplois nécessaires, des dépenses judicieuses, et par conséquent des impôts modérés ; si les dépenses et les services publics, si les augmentations introduites au budget depuis 1830 avaient, comme au ministère du Commerce, un caractère d'utilité véritable et étaient toujours des améliorations. Ce département, qui est inscrit au budget pour 13 millions, 2,771,000 de plus qu'en 1830, est, en effet, de tous les ministères, celui où d'injustes attaques trouveraient le moins à mordre, quoique tous ses chapitres présentent des augmentations, à l'exception de celui des secours à d'anciens colons, qui se trouve là on ne sait pourquoi, et qui diminue naturellement avec le nombre des participants. Il faut ajouter que quelques-unes des dépenses concernant les écoles vétérinaires et des arts et métiers, les bergeries, les haras (1) et les établissements thermaux, étaient payées en 1830 avec les revenus de ces établissements, tandis qu'aujourd'hui leurs recettes et leurs dépenses figurent intégralement au budget, ce qui est de la véritablement bonne comptabilité et administration.

Je n'aurais rien dit probablement de l'augmentation de 50,000 fr. sur les traitements de l'administration centrale, dont les attributions importantes s'agrandissent chaque jour, si la préoccupation du soin de défendre ces traitements ne vous avait fait tomber dans une petite erreur de 40,000 fr. au préjudice de 1830. Dans la somme des traitements que vous alignez en masse pour 1830, figurait, comme il y figure en 1843, le traitement du ministre ; mais il était alors de 120,000 fr., tandis qu'aujourd'hui vous ne touchez sur votre banc de douleur, ou vous avez la douleur de ne toucher que 80,000 fr. — Différence, 40,000 fr. qui ont été distribués sur le personnel. 40 et 50 d'augmentation avouée font 90, s'il vous plaît.

Mais ne sont pas assez élevés les 88,000 fr. d'augmentation

(1) Le budget de 1844 propose enfin d'établir des haras en Algérie.

compris dans les 1,908,000 fr. alimentés par un centime additionnel, et distribués dans la proportion de 6,5 ou 4 0[0 dans les cas de grêle, incendies, inondations, lorsque la perte a été totale, et selon qu'elle ne dépasse pas ou dépasse une valeur de 20 et de 40,000 fr. Misérables sont les encouragements aux manufactures et au commerce, 230,000 fr. — 196,000 de plus qu'en 1830. — Les encouragements à l'agriculture (sont-ils bien départis au moins?) 800,000 fr. — C'est 765,000 fr. de plus qu'en 1830, — c'est bien, mais c'est encore 71,200 fr. de moins que ce qui est donné au ministère de l'Intérieur pour faire fleurir l'Opéra et l'Opéra-Comique (1). Enfin les 4,000,000 fr. d'encouragement aux grandes pêches de la morue et de la baleine ne sont peut-être pas trop élevés si vous ne laissez plus d'irréguliers harpons darder sur ces millions.

Ministère des Travaux publics.

Ce ministère comprend les travaux des routes, ponts, ports, canaux et canalisation, ceux de construction de prisons et quelquefois d'achèvement des monuments publics, en un mot, les travaux auxquels le *Journal des Débats* faisait allusion lorsqu'il disait (3 janvier 1843) : « Le gouvernement de juillet, c'est sa « gloire et le principal de ses titres à l'estime des gens de bien, « a récusé la force militaire, la puissance qui fait du fracas, qui « répand des torrents de larmes et des fleuves de sang, qui « dévaste, tue et détruit; il lui est donc indispensable de se

(1) Ceci n'est point dit pour critiquer en elles-mêmes les subventions allouées aux grands théâtres dans l'intérêt des arts et des artistes, à la condition qu'elles seront noblement dépensées à cet usage, et non point dissipées ou enserrées par des exploitateurs de l'art et de l'artiste.

« montrer fort, audacieux même, dans les entreprises de la paix.
« Partout, et en France plus qu'ailleurs, un gouvernement nou-
« veau est astreint à apparaître puissant, grand, magnifique. »

Vous ne direz pas que la lésinerie des élus de ceux qui paient 200 fr. d'impôts a étranglé vos projets, car, de 1831 jusqu'à ce jour, on vous a donné pour travaux publics un milliard (1) : un milliard ! et qu'en avez-vous fait ? Où sont les monuments de votre puissance et de notre grandeur, et aussi de notre munificence ?

Je ne veux et ne saurais entreprendre la critique des travaux effectués (2); je reconnais d'ailleurs que vos ingénieurs, qui n'obtiennent ce titre qu'après neuf années et demie d'études transcendantes, sont des hommes distingués, savants, éminents. Mais, pour Dieu ! pourrait-on s'écrier, imposez des conditions contraires aux aspirants ingénieurs, faites qu'ils ne soient point savants, quand cela ne serait que pour changer un état de choses duquel il est dit, entre autres dires :

Chambre des Députés. — « .... Pendant six mois la dili-
« gence a dû passer à travers des jardins pour éviter la grande
« route.....; les voitures versent sans que les carreaux se brisent,
« tant la route est liquide... (adhésion). J'étais certain (ajoute

(1) Le chiffre est un milliard 50 millions.

(2) Les travaux édifiés par le génie militaire sont presque toujours d'une exécution supérieure à ceux des ponts-et-chaussées, et moins coûteuse; parmi les causes de cette différence qui étonne d'abord, car s'il devait y avoir une différence d'aptitude entre ces ingénieurs, on inclinerait à la trancher à l'avantage des ingénieurs civils qui ont ordinairement les premiers numéros à l'École Polytechnique ; parmi les causes de différence dans l'exécution est ceci : que les officiers du génie dirigent par eux-mêmes et constamment, mettent la main à l'œuvre, surveillent sans relâche; tandis que les ingénieurs des ponts-et-chaussées chargent les conducteurs et piqueurs de la réception et de l'emploi des matériaux, n'exercent qu'une surveillance imparfaite, dirigent trop souvent de leurs cabinets, et que, d'un autre côté, ceux qui veulent diriger de leur personne, ne sont souvent que d'habiles théoriciens.

« l'orateur) de ne pas recevoir de dénégation sur ce point. »

— M. le directeur général des ponts-et-chaussées. « Pas « même de ma part ; mais nous nous occupons de remédier à « cet état de choses. »

Voici ce que disait votre bon ami le *Journal des Débats :* — Je me garderai bien de vous citer des adversaires, c'est-à-dire des opinions que vous appelleriez factieuses.

« Ce long boulevard qui s'étend de la barrière d'Enfer à celle « de Fontainebleau n'a pas même le nécessaire ; il n'est pas « pavé ; il n'offre, pendant huit mois de l'année, que des fon- « drières impraticables.... ; on répare la route en ce moment. « Ces réparations en cailloux sont bien dirigées, bien faites ; « mais elles ne tiennent pas contre les pluies et les gelées de « l'hiver. » (*Journal des Débats*, 23 septembre 1841. Réparations et embellissements faits à Paris.)

Voici pour l'intérieur. — « Ce boulevard est une des voies de « communication les plus nécessaires à tout le quartier ; il est « fort large. Le bon sens et l'intérêt public voulaient qu'en « s'occupant du milieu de la route, et si l'on veut de l'un des « bas-côtés, on laissât l'un des deux à la circulation. Point du « tout. On a tout à la fois entrepris le milieu et les deux côtés « du chemin, en sorte que, depuis deux mois, toute communi- « cation se trouve interdite sur ce point aux voitures, dans « une grande étendue ; elles sont obligées de prendre, même « les plus lourdes et les plus chargées, des rues latérales escar- « pées, étroites, et qui, pour la plupart, ne sont pas encore « pavées.... » (*Journal des Débats*, 15 août 1842.)

En voici un autre : « A cette époque, et il y a moins d'un « siècle de cela, la France avait plus de canaux que l'Angle- « terre. Depuis lors nous avons fait de grands efforts pour ca- « naliser notre territoire, nous y avons dépensé des sommes « énormes ; mais jusqu'à présent nos efforts sont presque sans

« résultats. Les canaux sont creusés, mais ils sont peu fréquen-
« tés. C'est qu'ils manquent d'eau; leurs réglements sont dé-
« fectueux, leurs bateliers paresseux, leurs éclusiers négligents,
« leurs tarifs excessifs, leur entretien mauvais, faute d'alloca-
« tions suffisantes. Le Trésor a supporté à peu près toutes les
« charges d'une bonne canalisation; le public n'en recueille pas
« les fruits. » (*Journal des Débats*, 3 janvier 1843.)

Ces mots, « faute d'allocations suffisantes, » sont un peu exagérés, car tous les ans des sommes considérables sont allouées *pour l'entretien et les réparations ordinaires et extraordinaires des canaux appartenant à l'Etat, et pour l'amélioration des rivières.* Ainsi, en 1843, les crédits de cette nature s'élèvent à 17,460,000 fr.; je dis pour réparations et améliorations.

Des plaintes d'une autre nature s'élèvent aussi contre l'administration des ponts-et-chaussées; mais elle n'est pas toujours reprochable, ainsi que le démontre l'article suivant d'un journal qui, pour avoir des allures plus libres que le *Journal des Débats*, n'est pas moins votre ami, ainsi que le même article le démontre encore :

« ...... On se plaint souvent de la lenteur avec laquelle les
« ponts-et-chaussées exécutent les travaux qui leur sont confiés,
« des différences qui ressortent de la comparaison de leurs de-
« vis avec les dépenses effectives; c'est un tort; on devrait plu-
« tôt s'étonner que cette administration puisse faire et termi-
« ner quelque chose avec la situation qu'on lui a faite. Cette
« année, par exemple, les travaux du canal de la Marne au
« Rhin, qu'il eût été essentiel de ne pas interrompre, puisque
« l'on creusait un souterrain au-dessous du niveau des eaux,
« ont été suspendus dès le mois de juin, parce que tous les cré-
« dits ordinaires et supplémentaires étaient épuisés; de ce mo-
« ment il a fallu étayer les travaux commencés, et les abandon-
« ner à l'action destructive des eaux et du temps jusqu'à l'année

« prochaine, où il faudra dépenser de nouvelles sommes pour ré-
« tablir les choses dans l'état où on les a laissées il y a cinq
« mois.

« En vérité, ce n'est pas là de l'administration bien comprise,
« de l'économie bien entendue. Que M. le ministre des Finan-
« ces, ancien élève de l'École Polytechnique, se retranche dans
« les prescriptions du budget comme comptable, nous le com-
« prenons ; mais comme ingénieur, comme économiste, comme
« homme d'État, comme ministre enfin, nous ne l'approuvons
« pas..... On néglige les choses qui ne sont qu'utiles pour fa-
« voriser celles qui paraissent glorieuses et grandes, bien
« qu'elles n'aient souvent de la grandeur et de la gloire qu'une
« trompeuse apparence.... » (*La Presse*, 21 novembre **1842.**)

Ai-je donné déjà une citation d'un discours de M. Dupin sur les travaux publics ? je veux parler de ce discours où il est dit : « Chacun s'est mis à pousser à la dépense, du moment
« qu'on a entrevu l'espoir de voir arriver, l'un, son canal, l'au-
« tre sa route, celui-ci son chemin de fer, celui-là la spécu-
« lation qui intéressait sa localité.... On a fait des propositions
« qui ressemblaient à des chapelets dans lesquels on faisait en-
« trer sept, huit, douze propositions à la fois, pour amorcer
« autant de députations et se créer ainsi une majorité..... En-
« suite on a imaginé des compagnies avec actions au porteur,
« des compagnies qui admettaient des hommes publics aussi
« bien que des hommes privés. On a créé ainsi une nouvelle
« classe d'hommes intéressés à pousser à la dépense, parce
« qu'ils y trouvaient leur avantage personnel sous le voile de
« l'anonyme...... »

Il faut être *M. Dupin* pour s'exprimer ainsi. Mais si son irritation du moment et son ardeur économique l'emportaient au delà de la vérité, il fallait étouffer ses griefs reproches sous le poids du tableau des travaux qui ont dû être produits par notre milliard ! ! ! « Ces créations, dit le *Journal des Débats* (du 5 « janvier, déjà cité), donnent un éclatant démenti aux accusa- « tions des factieux, quand elles sont calomnieuses (1) ; elles « préviennent l'imagination populaire contre les assertions men- « songères, si faciles à accréditer en notre époque de méfiance « contre l'autorité. »

Le résultat le moins contestable de la formation, depuis 1830, du ministère spécial des travaux pacifiques, centre et soleil des entreprises qui font ou qui pourraient faire votre gloire et le principal de vos titres à l'estime des *gens de bien*, a été de vous donner l'exploitation d'une pépinière d'emplois, un nouveau jardin dans la terre promise. Vous en aviez, en 1830, pour 3,354,400 fr. ; ils coûtent aujourd'hui 5,422,700 fr. ; augmentation 3,068,300 fr. Somme toute, votre recherche de l'estime des gens de bien a fait élever le fonds des travaux publics de 33 millions à 60 et tant, puis à 80, y compris le coût des chapelets de M. Dupin ; puis à 100 ; puis à 120 et tant, y compris 29,500,000 fr. pour l'établissement des chemins de fer en 1843. Et vraiment, je vous le demande encore, où sont les monuments que devait créer cette magnifique dotation (2) ?

Ministère de la Guerre.

Mon épître étant naturellement coupée par ministères, je n'ai besoin de chercher des transitions ; heureusement ! car, après la citation que je viens de faire, « l'administration de Juil- « let, c'est sa gloire et le principal de ses titres à l'estime des

(1) Quand elles sont calomnieuses.

(2) Il est incontestable cependant que de ce mouvement de terrains et de cette taille de pierres et de millions, il est résulté quelques monuments et des travaux producteurs et productifs, mais dans une infime et inhabile et coupable proportion.

« gens de bien, a récusé la force militaire, la puissance qui fait « du fracas...., » j'aurais été embarrassé pour arriver à dire :

	Hommes.	Chevaux
L'effectif de notre armée est de. . . .	344,000	84,228
En mettant à part celle qui est occupée en Algérie, ci.	38,000	12,256
il restera pour celle qui occupe la France.	306,000	71,972
Elle n'était, en 1830, que de (1). . . .	224,714	46,291
Elle est donc plus considérable aujourd'hui de.	81,286	25,681

Le ministère de la Guerre, puisque *guerre* on l'appelle, dévore. . . . . fr.	247,000,000
Il ne mangeait, en 1830, que.	192,000,000
Il dépense donc de plus qu'en 1830 (2).	55,000,000
non compris les dépenses de l'Algérie, pour. .	48,000,000
ni celles de divers travaux extraordinaires, ci	35,000,000
L'augmentation est ainsi de.	138,000,000

Il est heureux pour nos finances que vous ayez « récusé la force militaire, la puissance qui fait du fracas.... »

Le *Journal des Débats* riait quelque peu de notre mince état militaire d'avant 1830, et se prit un jour à dire : « Qu'il faisait « beau voir nos soldats prendre la rue aux Ours, s'emparer de « la rue Grenétat, marcher au pas de charge dans la rue Saint-« Denis, tourner la rue Mauconseil, s'élancer sur le passage du

(1) Le budget de 1830, voté en 1829, ne mentionnait pas le projet de conquête de l'Algérie, laquelle conquête a occasionné une dépense de 50 à 60 millions pour ses préparatifs et la prise de possession d'Alger. — *Ce qu'on a retiré* du trésor de la Causaba s'est élevé à 48 millions.

(2) En rattachant au chiffre de 1830 les Invalides, les poudres et salpêtres, et quelques autres services qui étaient administrés en dehors du budget, pour 5 millions et demi.

« Grand-Cerf, tirer sur les fenêtres gabionnées de pots de fleurs, « tout cela à la lueur des réverbères, à défaut du soleil d'Aus- « terlitz ! Voyez cette cavalerie victorieuse qui court à plein « galop ! Gare, laissez passer la victoire ! Gare aussi pour les ci- « vières chargées de blessés qu'on porte à l'Hôtel-Dieu ! ce sont « aussi des trophées, et le bulletin de la grande bataille est affi- « ché à la Morgue ! »

Il ne s'exprimerait point ainsi aujourd'hui, le *Journal des Débats*, ni moi non plus, bien sûr, et je ne cite cet article que pour arriver à lui reprocher d'être trop souvent goguenard, et plus que cela, contre de pauvres hommes qui ne font que ce qu'on leur commande de faire. Ainsi tous les ans il rédige ou reproduit plus que complaisamment des bulletins comme celui-ci, à l'occasion de nos camps de plaisance : « La division de dragons « a voulu tenter, à charge forcée, le passage de la rivière vigou- « reusement défendu par une compagnie de chasseurs d'Or- « léans et une autre de..... etc. » (*Journal des Débats*, 29 août 1842.) — Je vous demanderai, moi, sans goguenarderie (le sujet n'en comporte pas), pourquoi ces camps et guerres de plaisance, puisqu'il est fort inutile d'exercer nos troupes aux luttes de la grande guerre ; puisqu'ils coûtent fort cher, ces camps, à en juger par les budgets annuels et le livre, annuel aussi, des crédits extraordinaires, et aussi votre comparaison. — Pourquoi une armée de 300,000 hommes et plus, derrière laquelle est une réserve de 125,000 anciens soldats et un million de gardes nationaux ? pourquoi cette plaie dans nos finances ulcérées ? pourquoi cette armée qui ronge chaque an des centaines de millions, puisqu'à l'extérieur vous avez consolidé et voulez immobiliser la paix ; puisqu'à l'intérieur, vous avez obtenu *depuis longtemps* et possédez *chaque jour davantage* l'adhésion *unanime* du pays, — moins deux ou trois poignées de factieux et de mécontents ? Contentez-vous de la poudre qui se brûle aux jours de fête; fondez vos canons pour en faire des gros sols; laissez à nos familles et leurs enfants et leur argent.

Le résumé ci-dessus n'est que trop clair et évidemment ruineux, et la revue des dépenses et de leur accroissement depuis 1830 serait inutile, longue, fatigante ici; du reste, elle est dans cette portion de la comparaison présentée avec l'ordre et même beaucoup de cette clarté que ce ministère met ordinairement dans ses comptes et dans sa comptabilité *publique*; ses chatoyantes explications projettent sur ces ruineuses dépenses un reflet d'impartialité (1), des marques d'améliorations, et une certaine apparence de nécessité frottée même d'économie, qui toucheraient le plus récalcitrant contribuable. Mais ces explications ne sont que spécieuses; et quant aux 13 millions d'améliorations qu'on fait tant sonner, on peut dire qu'elles étaient inévitables. Il faudrait être bien fol ennemi de l'armée et de soi-même pour ne pas en trouver en 13 années, ni trouver le moyen d'en tailler pour 13 millions dans un budget de 330,580,792 fr., non compris les crédits supplémentaires. Laissons donc les augmentations de dépenses; doublez-les, triplez-les, quadruplez-les, et avec les mêmes raisons données, vous aurez raison.... de la même façon.

Une tâche moins longue serait celle qui touche aux diminutions de dépenses. Vous avez, dites-vous, à payer de moins trois maréchaux de France. — C'est juste, cependant votre cadre n'est diminué que de 2; 10 maréchaux avec l'horreur de la guerre, c'est encore trop. Vous parlez d'une diminution de 197 officiers-généraux du *cadre d'activité*, — ce serait 198, et même un peu plus, puisque vous réunissez les deux premières

(1) L'auteur des explications sur le ministère de la Guerre reconnaît loyalement, et peut-être sans arrière-pensée, que « quelques-unes des améliorations « (formant ensemble 13 millions d'augmentations de dépenses) dont l'armée a « été l'objet, avaient été *accordées* avant 1830, mais n'ont pu prendre place au « Budget qu'à partir de 1831. » (Le mot *accordées* n'est pas heureux.)

sections de l'état-major. Je le remarque parce que je suis juste, et c'est à cause de cela que je vous dirai qu'ici il s'agit d'argent, et que, dans le budget de 1830 comme dans celui de 1843, il y a, entre le *traitement d'activité* et la *solde de disponibilité*, une différence qui en amène une autre *infiniment considérable* entre ces traitements. Or, en 1830, *il y avait* en disponibilité 67 lieutenants-généraux et 169 maréchaux-de-camp, tandis qu'aujourd'hui *il n'y a que* 6 lieutenants-généraux et 25 maréchaux-de-camp sur vos 230 officiers-généraux, dans cette position; la différence est grande. En outre, vous avez créé la section dite de *réserve*, où les officiers-généraux jouissent d'un traitement égal à celui de la disponibilité, moins quelques centaines de francs. Somme toute, la diminution de dépense, au lieu d'être de près de deux millions, comme vous l'établissez, n'est que de quelques centaines de mille fr., qui sont bien dépassés par les augmentations faites sur l'ensemble de ce chapitre.

Vous avez quelque économie sur les fonds de non-activité, de demi-solde, de réforme et de secours, parce que la mort, la retraite et les nombreuses mises en activité depuis 1830, ont diminué le nombre des participants; ils sont aussi, pour certains secours, compensés par un nouveau chapitre de subvention. Vous avez encore, en diminution, des dépenses accidentelles pour constructions et achats divers, quelques autres de peu d'importance, et enfin la suppression de la maison militaire de Charles X, et de la garde royale, et le licenciement des Suisses. Mais vous écrivez cela en trop gros caractères sur votre drapeau économique; vous oubliez, Monsieur, que ce sont ceux qui ont soulevé les pavés de Juillet, qui y ont enterré ces corps privilégiés, avec d'autres institutions pour linceul. — Vous, pour en exhumer les débris, vous creusez sous ces pavés, vous fouillez dans ces tombes, et voilà votre part, votre seule part. — Hé donc, n'avez-vous pas les chasseurs d'Orléans qui s'en vont grandissant; la garde municipale, dont l'augmentation nous coûte deux millions annuels, sans parler de l'accroissement de la gendarmerie ni des régiments dévoués, toujours à Paris ou rayonnant à l'entour? n'avez-vous-pas, et ne payons-nous pas (sans compter l'Algérie) un effectif qui est de 81 mille hommes et de 25 mille chevaux plus élevé qu'en 1830, qui nous coûte enfin 46 millions (seulement pour la troupe), 46 millions de plus qu'en 1830? Que nous parlez-vous donc de suppressions et de licenciement, et de réductions, et d'économies!

Ministère de la Marine.

Ce ministère fut longtemps négligé, relégué au dernier rang, donné en pis aller, en façon de stage ou de remplissage, aux exigences plus ou moins hautes, célèbres ou méritantes, à des titres étrangers à la marine. C'est seulement depuis quelques années qu'on a chargé un marin de diriger les affaires de la marine.

Les diverses dépenses de construction de bâtiments, solde des équipages et des troupes, armements, approvisionnements, appointements, salaires, forges et fonderies, ont longtemps flotté autour d'un chiffre de. . . . . Fr. 65,000,000

Elles sont portées au budget de 1843 pour. . . 94,000,000

et l'augmentation est de. 29,000,000

à laquelle il faut ajouter pour divers travaux extraordinaires dans les ports et sur les côtes. . . . 4,400,000

pour construction de paquebots transatlantiques. 2,400,000

plus, les dépenses du service des colonies, qui, avant 1842, ne figuraient pas dans les budgets. . 6,000,000

41,800,000

L'augmentation de 29 millions de francs a eu pour résultat principal et incontestable de doubler les effectifs des équipages et des troupes de la marine, d'améliorer la position des officiers, de décupler la force des bouches à feu, de créer une navigation à vapeur. C'est-là, ajoutez-vous, car je prends dans votre livre le résultat obtenu, « c'est là une justification qui, « rapprochée de l'accroissement de dépense, paraîtra satisfai- « sante aux esprits réfléchis et aux amis sincères de tout ce qui « peut concourir aux progrès du commerce maritime, à la sé- « curité de nos établissements coloniaux et au maintien de la « dignité nationale. »

Vous auriez pu dire encore que, sauf d'enracinés abus, surtout aux dépenses du matériel, plusieurs améliorations ont été introduites depuis 1830 dans les services de ce ministère; mais nous avez-vous donné pour 29 millions annuels de force et de dignité nationale de plus que nous n'en avions en 1830? — Mais faites que l'augmentation soit de 100 millions au lieu de 29, et elle sera encore ce que vous appelez justifiée, puisque nos millions seront dépensés! Qu'avez-vous fait, c'est-à-dire produit, avec tous ces millions?... avec vos 150 bâtiments?

L'explosion de Juillet avait lancé en Belgique une de nos armées, à Ancône un de nos vaisseaux, et chez quelques voisins menaçants de nobles significations, je me plais à le dire aussi..... Mais bientôt le feu s'éteignit, et il n'en resta que le souvenir et quelques vestiges : souvenirs brillants, vestiges attristants et tristes comme la carcasse noircie d'un feu d'artifice!.... Qu'avez-vous fait des canons fondus pour la marine depuis 1830, frères de ceux de l'armée de terre? En avez-vous fait au moins des porte-voix pour parler haut et fort, comme il convient aux représentants de la France? Où sont vos conquêtes et vos campagnes?..... Vous êtes allés sous les murs de Lisbonne; vous avez bloqué la république Argentine; vous êtes entrés dans les flancs du Mexique ; vous avez jusqu'au sang fouetté quelques petits peuples !..... Vous avez fait faire à votre flotte des croisières et courses de Toulon aux îles d'Hyères, et des îles d'Hyères en Corse, et de la Corse aux grandes évolutions de la Méditerranée, et des évolutions aux *radoubages* de Toulon. Quant à vos conquêtes, elles entreraient dans une épigramme : C'est l'alliance des rois Tété et Toto ; c'est trois marquises de l'Océan Pacifique !

Laissez donc dans nos forêts le bois de vos vaisseaux, dans les magasins le bronze de vos canons, dans nos poches l'argent !.....

Ministère des Finances.

Nous venons de parcourir des ministères qui dépensent et rongent par nature, par habitude, par amour-propre même, avec l'insouciance et le bonheur de soldats sur province conquise, ou de bonnes gens sur du pain bénit. Les services restant à examiner sont immédiatement sous votre main, ô ministre qui remplissez la *charge d'économe* dans l'administration publique ! voyons donc ce qui s'est pratiqué et se pratique en votre économat.

SERVICE GÉNÉRAL DU MINISTÈRE DES FINANCES.

« Les crédits ouverts au chapitre Personnel de l'administra-
« tion centrale du ministère des Finances, ont été (dites-vous)
« modifiés d'office pour les ramener aux termes du budget de
« 1830. » Modifiés d'office..... modifiés d'office....., je le veux bien ; mais au moins fallait-il rendre intelligibles ces modifications et le morceau chronologique à l'appui ; au moins fallait-il nous donner la clef des bouleversements, réunions et séparations qu'il vous a plu d'introduire dans les services et chapitres

pervertis. Directions, divisions et bureaux, directeurs, chefs et commis de bureau, y sont conglomérés, retournés et contournés à un point qui dépasse toute permission et habitude, et qui ôte toute possibilité de lire, c'est-à-dire de comprendre. — Et, à propos encore, pourquoi votre ministère, si amoureux de documents qu'il entretient des hommes pour en inventer, si exigeant qu'il est, pour ce, toujours en guerre avec tout le monde, si donneur à ce titre (comme à d'autres) qu'il reproduit les mêmes choses sous dix formes et faces, si imprimeur qu'il vient d'ajouter l'œuvre qui nous occupe aux 12,000 pages de chiffres et de mots annuellement imprimées pour son privé compte; pourquoi votre ministère est-il des deux ou trois qui ne présentent jamais distinctement la composition de leur personnel central? Il faut dire aussi en passant qu'il est le seul où les directeurs aient uniformément 20,000 fr. de traitement, quand à la justice, aux ponts-et-chaussées, à la guerre et ailleurs, ils n'ont quelquefois que 12, 15, et même 10,000 fr.

Votre réponse se ferait attendre, et *d'office* je ramène les termes de la comparaison aux points où ils étaient avant vos éclaircissements. — Ce sera plus clair.....; d'aucuns auraient ajouté et plus exact. Le budget de 1830 ne consacrant qu'une ligne au personnel de votre administration centrale, je prends d'abord celui de 1831, qui d'ailleurs nous édifiera sur la marche suivie depuis la *cholérine* économique des lendemains de Juillet, et je réunis les administrations centrales des contributions directes et du ministère même, leur séparatiou n'ayant été établie qu'en 1843. — Il y avait en 1831 huit directeurs ou chefs de service, on en compte dix aujourd'hui; quatre sous-directeurs, aujourd'hui onze; 104 chefs et sous-chefs, aujourd'hui 120; 607 commis et garçons de caisse, aujourd'hui 586. Économie : 21 commis. Augmentation : 25 chefs.

Dépense en 1831, pendant la réforme. . . . . fr.	2,331,500
Id. en 1843.	2,432,100
Augmentation en 1843.	100,600

Essayons la comparaison pour 1830. Le même personnel, sur lequel n'avaient point encore porté les réformes décidées en

1829, coûtait. . . . . fr.	2,596,100
Il coûte en 1843.	2,432,100
Économie apparente.	164,000

Apparente, car elle est absorbée et au-delà en d'autres chapitres ; je ne prends que celui des *Pensions*. — Il résulte d'explications données (à d'autres fins que celle-ci) pages 78 à 81 du *volume des crédits supplémentaires de* 1841, que la retraite a été certainement accordée ou imposée prématurément à de valides employés de votre personnel, puisqu'elle le fut :

En 1830, à 62 employés, pour des pensions de fr.	124,847
En 1831, à 65 *idem*.	107,502
En 1832, à 61 *idem*.	103,057
Ci, pour les trois années.	335,406
Et puisque le même document pose le chiffre de 24 pour moyenne des pensions annuelles, et pour la dépense un autre chiffre de 41,200 fr. qui, multiplié comme ci-dessus par trois années, ne donnent que fr.	123,600
Le chapitre Pensions a donc été grevé extraordinairement de la différence de.	211,806
et *votre économie* apparente n'étant que de.	164,000
vous avez en réalité surchargé le budget de.	47,806
Je pourrais ajouter à cela une considérable portion de la somme de.	140,831

allouée comme *indemnités temporaires à divers employés* de votre ministère, *supprimés par mesure d'économie;* mais je la réserve avec d'autres choses pourle cas où vous prétendriez que des pensions sont éteintes, ou que certains traitements agissent différemment sur les deux termes.... etc. Conclusion : on réforme des employés,—c'est bien.—Puis on inscrit au budget leurs pensions ou indemnités,—c'est juste.—Mais bientôt divers intérêts, y compris quelquefois, il est vrai, celui du service, font rétablir et même augmenter les cadres.... A l'appui encore de cette conclusion, je vais creuser dans les autres services, y regardant de près, et non avec ce que vous nous donnez pour une lanterne. Voici donc un petit tableau comparatif des *emplois* existant dans les administrations financières.

	En 1830, avant la révolution.	En 1832, sous l'influence économique.	En 1843, après la réaction.
Contributions directes (*a*). Service dans les départements	872	972*	944
Enregistrement, timbre et domaines (*b*)	3,569	3,309	3,422
Forêts, non compris les gardes (*idem*)	648	636	800
Douanes (*c*), non compris le service actif	2,877	2,816	3,002
Contributions indirectes (*d*)	8,131	7,479	8,246
Tabacs (*e*), non compris les ouvriers	514	583	609
Postes (*f*), non compris les courriers, facteurs, etc.	3,285	3,217	4,557
Nota. Les notes sont ci-après, page 56.	19,896	19,012	21,580

Faisons, en passant, la revue de votre armée :

Administration centrale des finances			671
Monnaies			143
Contributions directes.	Service administratif	1,000	8,902
	Receveurs généraux 86, particuliers 279	365	
	Percepteurs	7,537	
Enregistrement et domaines.	Service administratif	3,422	3,704
	Ateliers du timbre	282	

Forêts.	Service administratif.	800	3,332
	Brigadiers et gardes, 2,520 ; élèves de l'école, 12.	2,532	
Douanes.	Service administratif.	3,002	29,099
	Service actif.	26,097	
Contributions indirectes.			8,246
Tabacs.			609
Postes.	Service administratif, directeurs, distributeurs, agents divers.	4,557	15,636
	Courriers, 301 ; facteurs des villes, 1,276 ; facteurs ruraux, 9,300.	10,877	
	Portiers, garçons de bureaux du service actif, chargeurs de malles.	202	
	Plus les officiers et équipages des paquebots.		
Inspecteurs des finances.			54
Payeurs du Trésor dans les départements.			85
Agents des ateliers du ministère et du service intérieur, huissiers et garçons de bureau.			260
	Total de l'armée financière.		70,741
	Elle ne s'élevait, en 1830, qu'à (1).		59,930
	Elle a donc été augmentée de.		10,811

L'entretien du personnel de cette armée est de. . . 96,884,014

Il était de beaucoup moindre en 1830, et, d'un autre côté, le chapitre *Pensions* a été surchargé de sommes très-considérables, ainsi que vous le verrez en son lieu, si vous voulez me lire jusque-là.

Tenez, Monsieur, votre mot *économie* est à mettre avec *pro-*

(1) Le nombre des percepteurs m'étant inconnu pour 1830, je l'ai fait entrer dans mon calcul pour 8,000, et crois m'être ainsi mis à l'abri de toute critique. Celui de 1843 est pris dans le dernier *compte des finances*.

digalité, ou *dissipation*, ou tout autre, dans la nouvelle édition d'un vieux livre intitulé *Dictionnaire des nouveaux synonymes*, à côté de *constance et girouette*.

Et ne dites pas qu'il y a dans cette armée de minces emplois ; —*il n'y a pas de minces emplois*.—Les *places* de facteur, de douanier, de garde-forestier, sont fort enviées dans les familles les plus huppées des villages ; elles rangent ces familles sous votre bannière électorale.

Vous avez fait 70,000 fr. d'économie sur les frais de matériel (qui coûtent 634,400 fr.). Oui, mais vos détails économiques ne disent pas que vous avez à habiller de moins qu'en 1830 cinquante garçons de bureau et agents de la loterie ; à chauffer et éclairer de moins cent cinquante-six chefs et employés de la même administration qui travaillaient le soir, les veilles de tirage ; et beaucoup d'autres frais de matériel plus considérables que ceux du *Contrôle* nouvellement établi.

Mais ne peut-on économiser encore ? car vous n'avez pas tous les ans, peut-être, quelque nouveau directeur-général qui, trouvant gracieuse *la place* et disgracieux le meuble où s'asseyait l'ancien titulaire mis à la retraite, et qui n'était pas rouge (le meuble), en commanda un autre, puis un second, parce que le nouveau était trop rouge. Mais ne peut-on économiser sur les frais d'impression, sur les menues dépenses, sur l'éclairage, sur le chauffage ?

A moins de faire un feu d'enfer dans votre paradis de la rue de Rivoli, comment peut-on brûler tant de bois, mon Dieu ? En voici le calcul : Cette dépense s'étend à toutes les administrations centrales réunies au ministère des Finances, à l'exception des Postes : il y a pour les autres deux cent quatre-vingt-dix-sept chefs, auxquels je suppose un cabinet, quoique plusieurs n'en aient pas de particulier. Ci. . . . . 297 feux.

Il y a huit cent quatre-vingt-quinze commis,

trente-six garçons de caisse et de recette, et deux cent quatorze huissiers, garçons de bureau et autres hommes de plus ou moins de peine, agents des ateliers, etc..., en tout onze cent quarante-cinq personnes qui ont un feu pour trois, je suppose, par l'effet du bénéfice de la vie commune. Cette appréciation modérée donne. 382

Total. . . . 679 feux.

Ces six cent soixante-dix-neuf feux brûlent-ils chacun trois voies de bois, — c'est beaucoup pour quelques heures, quoique le feu soit bon, dit-on ; — à 36 fr. la voie, cela ferait 108 fr. pour chaque feu, et en tout. . . . . Fr. 73,332

Le capitaine chargé du service militaire, la lingère, deux corps-de-garde et sept portiers, à cinq voies l'un, coûteraient. 1,980

Je suppose encore que les frais de sciage et d'encavement soient de. 7,888

Il restera, pour le feu de vos cuisines, de vos salons, et des salons et des cuisines de vos chefs du personnel et du matériel (s'ils brûlent le bois de l'État). . . . 42,000

Car la dépense du chauffage s'élève à. 125,200

Mais on brûle donc du cèdre et de l'ébène dans vos cuisines, et dans vos salons du bois d'aloès et de sandal !

Voyons l'éclairage : Le gaz, l'huile, la chandelle et la bougie brillent au budget pour 60,600 fr. J'aime ces chiffres ronds. Du reste, le règlement des comptes dit quelquefois 60,598 fr. 76 c. — Économie 1 fr. 24 c. — Que de lumières et de luminaires pour l'imperceptible minorité qui travaille le soir, si c'est la majorité qui travaille la journée ! — calculons : Quelques employés prolongent leur séance après quatre heures pour leurs écritures journalières ; par accident, quelques chefs reviennent au ministère après dîner, et enfin, deux employés du personnel sont de garde au cabinet. Ces séances de nuit font allumer cinquante bougies, lampes ou chandelles chaque soirée, et pendant six mois, à 50 cent. par dépense ou lumière moyenne. Doublons la dose, et ajoutons 1,000 fr. pour l'entretien des flambeaux : cela ferait . . . . Fr. 10,150

Les cours, les corridors, deux illuminations, deux corps-de-garde, le capitaine, la lingère, sept portiers, l'entretien de leurs appareils luminaires, etc.... peuvent coûter — combien ? 25,000

Il reste donc, pour vos cuisines, vos salons, et les salons et les cuisines de vos chefs du personnel et du matériel (s'ils brûlent la bougie de l'État) 25,450

Car l'éclairage est porté au budget pour. 60,600

Mais on brûle donc de l'huile vierge dans vos cuisines, et dans vos salons, de l'huile d'Alcibiade ou de Macassar ! Ces calculs sont longs et petits ; mais il était bien de voir ce qui se pratique sous l'économat du gardien de la fortune publique, et ces observations, d'ailleurs, s'appliquent à tous les ministères.

Continuons par d'autres dépenses qui n'ont pas été augmentées, ou qui ont été diminuées. — Vous voyez que je tiens à vous être agréable, puisque c'est la fin qui frappe le plus. Les dépenses du cadastre ont été réduites de 5,400,000 fr., par suite de l'achèvement de beaucoup de travaux. Espérons qu'il n'y aura pas à recommencer les premiers quand les derniers seront terminés. — Je reconnais aussi qu'une économie insuffisante a porté sur les dépenses de la Cour des Comptes, lesquelles sont aujourd'hui de 1,151,500 fr., après avoir été de 1,250,500 fr. — Le premier président et le procureur-général, les présidents de Chambre, les conseillers-maîtres et le greffier, les référendaires de première classe, n'ont plus que 25, 15, 12 et 5,500 fr., au lieu de 30, 20, 15 et 6,000 fr.; enfin, 20,000 fr. ont été rognés sur les 400,000 fr. de préciput et récompenses des référendaires des deux classes. Mais prenez un instant pour bonne la seconde moitié seulement de la maxime des Saint-Simoniens (l'autre est rarement prise en considération chez vous) : « A chacun selon sa capacité et *ses œuvres*, » et dites, la main sur la conscience, si 25 et 12,000 fr. présentent une sordide disproportion avec les *travaux* produits. Mais vous n'avez pas le droit, d'ailleurs, de vous glorifier de cette économie. Vos premiers budgets n'en présentaient qu'une de 2,000 fr. sur le traitement des trois présidents de Chambre. C'est seulement après la cessation des crédits provisoires que la Chambre des Députés vous imposa ces réductions (1), et tous les ans, depuis lors, vous en exprimez vos plaintes et vos regrets, rétablissant même les anciens traitements dans vos projets de budget.

Les *frais de service des payeurs* du Trésor, dans les départements, ont été réduits aussi, et de 1,348,000 à 980,000 fr. — Ces pauvres payeurs! furent-ils maltraités... par comparaison avec d'autres qui le furent si bien, y compris ceux dont les traitements ne furent pas touchés, ou ne furent que légèrement retouchés (on a même proposé leur suppression; mais ce serait une économie trop coûteuse; ils sont, dans le service, un rouage, un contrôle indispensable). Du reste, comme vous protestez tous les ans contre cette réduction, attendant l'occasion de réparer l'injustice faite (je ne sais trop si vous n'avez dit injure) avec d'autres de même nature, c'est, comme ci-dessus, une économie dont vous n'avez le droit de vous faire valoir.

Un chapitre vient malheureusement couper ici la série des

(1) Il en fut de même des traitements de beaucoup de fonctionnaires d'un ordre élevé.

réductions (j'en suis plus fâché que vous); mais les frais de trésorerie sont les voisins des payeurs, et il faut bien dire que le service général s'étant accru de tout ce qui a augmenté vos budgets en recette et en dépense, il en est résulté plus de transports et de mouvements de fonds, plus de commissions à payer aux receveurs-généraux sur divers envois et remises, plus de courtages et d'autres frais, et enfin une augmentation de 800,000 f. sur les *frais de trésorerie*, qui s'élèvent à 3,200,000 f., mais ne seront pas dépassés, « selon toute apparence », dites-vous.

Je ne vous ferai pas ici quelque bonne ou médiocre querelle, vos commissions moyennes présentées étant fort insignifiantes, puisque des paiements considérables sont faits sans frais, avec des fonds tout réalisés, et puisque le service des payeurs en Algérie est compris dans l'augmentation pour une somme fixe qu'on ne trouve nulle part, — pourquoi? (1) — J'aime mieux espérer que l'apparence ne vous trompera pas, c'est-à-dire nous trompera, et espérer surtout, d'après une apparence mieux fondée, qu'à l'*avenir* les commissions seront départies autrement que par le *passé*. — A bon entendeur, — salut.

Il y a une diminution de quelque cent mille fr., par suite de la suppression de six hôtels des monnaies et de réductions de traitements, compensation faite avec les charges apportées par la réunion, après 1830, du musée monétaire au service de la fabrication des monnaies. Je reconnais aussi qu'il n'y a pas eu augmentation sur l'indemnité de 24,000 fr. *allouée au caissier et au payeur du Trésor* (2), pour les pertes que les employés

(1) Pourquoi aussi le service des payeurs en Algérie, confondu avec les frais de transport et les courtages, est-il encore dans le provisoire?

(2) Ces deux sommes de 24 et de 60,000 fr. ne figurent distinctement dans les budgets que depuis 1831; mais il y a lieu de croire qu'elles étaient les mêmes.

et garçons de caisse peuvent éprouver dans les maniements de fonds, quoiqu'ils en manient plus qu'en 1830, et par conséquent aient plus de chances de pertes (les garçons de caisse et les employés). Même observation sur le fonds de 60,000 fr. d'indemnités diverses (1) et étrennes aux agents inférieurs..... et même supérieurs, ajoutent de mauvaises langues, que vous ne ferez taire qu'en levant le secret de la distribution de ce fonds. Enfin, l'inspection-générale des finances..... Ah! mon Dieu, je me trompe; j'oubliais qu'elle est en augmentation et qu'une ordonnance rendue depuis le vote du budget a augmenté encore pour 1843 le cadre de ces inspecteurs, mais seulement de deux agents et de deux mille fr., par de savantes combinaisons. Si elle ne faisait que cela, cette ordonnance, si elle se contentait aussi de demander à ces agents du mérite et du savoir, ce serait bien; — mais elle exige encore des aspirants (ici en toutes lettres, là indirectement) qu'ils aient une certaine somme de revenus personnels. Et cette disposition, qui viole le principe sacré de l'égalité et de l'admissibilité de tous aux emplois, est plus que contre-révolutionnaire, puisqu'elle n'existait pas avant 1830.

(*a*) La loi du 26 mars 1831 avait transformé en *impôt de quotité* les contributions personnelle, mobilière et des portes et fenêtres, et avait nécessité l'adjonction de nouveaux contrôleurs chargés d'effectuer le travail nouveau; mais, le travail achevé, beaucoup des agents furent conservés. (Voir aux contributions directes.)

(*b*) Il est à remarquer que l'administration de l'enregistrement, une de celles qui coûtent le moins, comparativement à l'importance des produits recouvrés, est la seule dont le cadre de 1843 soit inférieur à celui de 1830.

(*c*) Les agents du service actif des douanes ne sont pas compris dans en 1830, dont le budget donnait, en une ligne, la dépense du personnel de l'administration centrale, ainsi que l'observation en a déjà été faite.

(1) Voir la note 2, d'autre part.

les cadres du tableau. Voici leur nombre : En 1830, 25,220 ; en 1832, 24,952 ; en 1843, 26,097.

(*d*) Le nombre des employés des contributions indirectes fut réduit plusieurs centaines, en 1831 et 1832, par suite de la réunion des bureaux d'*entrepôts* aux *recettes principales*, *prescrite en* 1829, puis de la réduction d'emplois, qui fut une conséquence de la loi du 12 décembre 1830 sur les boissons, et enfin des mesures d'économie d'abord prises. Le cadre de 1843 comprend quelques emplois créés pour la surveillance des fabriques de sel (depuis la loi du 17 juin 1840 sur le sel), et des maisons de détail nouvellement établies aux abords des fortifications de Paris. Il s'est augmenté, depuis le vote du budget, d'un certain nombre d'employés « chargés d'opérer plus fortement l'exercice du sucre indigène. »

(*e*) L'accroissement successif de la consommation du tabac explique en partie celui des employés.

(*f*) Le budget de 1832 n'indiquant pas le nombre de tous les agents des Postes, le chiffre de 1830 a été reproduit, après déduction de soixante-huit employés de l'administration centrale et inspecteurs mis à la *réforme* en 1830 et 1831, mais sans tenir compte d'autres employés qui quittèrent l'administration après juillet. Voici les seuls détails qu'il soit possible de comparer :

	1832		1843	
	Agents.	Dépense.	Agents.	Dépense.
Administration centrale. Chefs et employés	81	259,000	175	480,100
Idem. Garçons de bureau	12	12,500	18	21,800
Bureaux de l'exploitation du service actif dans Paris : chefs et sous-chefs.	41	199,500	61	248,700
Employés	204	393,600	251	465,500
	338	864,600	505	1,216,100

Contributions directes.

Vous dites que les fonds généraux sont des impôts, mais que les fonds départementaux et spéciaux n'en sont pas ; vous convenez, du reste, que les premiers ont été augmentés de 29,308,150 (1), les autres de 45,141,934, et que l'augmentation totale est de 74,450,084.

Je résume ainsi, puisque vous ne l'avez pas fait, vos tableaux de distinctions enchevêtrées (2) et inadmissibles.

	CONTRIBUTIONS DIRECTES.		AUGMENTATIONS pour 1843.
	En 1830.	En 1843.	
Foncière.	243,793,477	271,036,940	27,243,463
Personnelle et mobilière.	40,987,793	56,562,660	15,574,867
Portes et fenêtres.	15,327,414	31,778,604	16,451,190
Patentes.	26,804,000	41,932,530	15,128,530
Frais de l'avertissement	650,000	702,034	52,034
	327,562,684	402,012,768	74,450,084

Vous n'arguez plus de la division des propriétés, qui n'en

(1) Il faut dire que dans cette somme les contributions assises sur les propriétés nouvellement bâties, figurent pour 4,189,083 fr., et que l'accroissement du nombre des patentes a ajouté au *principal* de cette contribution une somme qui, avec « une application plus exacte de la loi, » présente une augmentation de 7,845,100 fr. Les changements d'assiette des contributions personnelle et mobilière et des portes et fenêtres, ont eu pour résultat une augmentation telle que, d'une année à l'autre, cette dernière nature d'impôt a été doublée. Lorsque le changement d'assiette eut produit son effet d'accroissement, on revint au mode de *répartition* qui offre une plus grande certitude de recouvrement. *La comparaison* ne pouvant éviter de signaler l'augmentation, se contente de dire : « Augmentation résultant de la nouvelle fixation des contingents pour 1832, après l'abandon du système de *quotité* établi en 1831. » *Abandon* est joli.

(2) Il est dit, par exemple, que le Trésor a éprouvé une perte sur la contribution foncière. — Une perte! s'écrierait le redevable de cette foncière, foncièrement persuadé qu'il n'y a rien gagné. Si le Trésor perd avec l'augmentation de 27 millions qu'il a obtenue, que serait-ce s'il bénéficiait? Une perte! — « Une perte de 177,168. Ce résultat remarquable » provient d'une différence entre certaines plus-values et l'importance de fonds généraux transportés aux fonds départementaux. — Mais on ne fait pas entrer en compte plusieurs de ces derniers transportés à ceux-là, et qui, dans ce système, auraient fait naître un bénéfice, comme les 23 millions ci-après, page 60. — Quel embrouillement!

paient pas moins l'augmentation pour la payer par parcelles, et qui n'agissent que sur les frais d'avertissement, c'est bien. Vous abandonnez vos moyennes des contributions des portes et fenêtres, même de la personnelle et mobilière, c'est encore bien. — Vous voulez tous les ans faire « une application plus exacte de la loi sur les patentes, » c'est-à-dire augmenter les patentes et les patentés, — faites, puisqu'on vous laisse faire ; mais ne nous dites pas que le principal des contributions a peu varié ; que c'est sous la forme de centimes que nos écus s'en sont allés principalement. Ils s'en sont allés, voilà le principal, et beaucoup de contribuables ne peuvent vous en donner davantage, voilà la conséquence ; car, payez avec notre argent les dépenses de la Cour des Comptes ou celles de l'Instruction primaire, c'est toujours notre argent. — Que notre argent paie le meuble d'un préfet ou celui du cabinet où l'on établit ces distinctions, qu'est-ce que cela nous fait? Qu'on en applique une partie aux routes royales et une autre aux routes départementales, c'est toujours notre argent, encore une fois; nous n'en sommes pas moins cahotés toujours et versés souvent sur de mauvaises routes.

Les impôts sont tout ce que le percepteur commande de payer, et que l'on doit payer sous peine de garnisaire et de saisie.

Ce qui prouve que votre distinction n'est que sophistique, c'est qu'une portion de ces *fonds départementaux* et communaux a été retirée depuis 1830 de cette catégorie pour entrer dans les *fonds généraux* que vous avouez être bien des impôts, et que d'autres ont été retirés de ceux-ci pour aller à ceux-là.

Et voyez la conséquence :

Les centimes additionnels pour traitements et taxations des receveurs des finances et des percepteurs *étaient départementaux en* 1830; ils sont devenus *généraux en* 1831, et la dépense s'élevait à. . . . . Fr. 12,170,000

Un changement de même nature eut lieu en 1838 pour les centimes qui subvenaient spécialement aux dépenses des préfectures, sous-préfectures, maisons de détention, bâtiments des cours royales, etc. 10,917,000

Ces centimes, je le répète, *étant départementaux en 1830, n'étaient pas des impôts : ils sont devenus généraux ; ils sont donc devenus des impôts*. Vous avez donc élevé les impôts (sauf le courant) encore de 23,087,000

Ce raisonnement est logique, je veux dire selon votre logique. Mais vous les avez réduits aussi par suite du transport au chapitre *restitutions*, des remises sur impositions communales, qui, avant 1838, étaient payées par le Trésor, et qui sont actuellement « imposées au profit des communes, pour être payées par elles aux percepteurs. » En sorte que la même somme, donnée par le même contribuable au même percepteur, est ou n'est pas un impôt, selon vos classifications arbitraires et changeantes.

Dites que ces impôts sont payés par une des classes les moins souffreteuses de la société ; qu'une portion subvient à des dépenses bonnes et profitables ; que les nouvelles dépenses pour chemins vicinaux s'élèvent à 17,369,000 fr., et celles de l'instruction primaire à 10,829,000 ; mais cessez vos distinctions flageoleuses et remerciez-moi. D'autres auraient pu se borner à dire : « M. de Laplagne prétend que les impôts directs n'ont pas augmenté depuis 1830, » et moi j'ai donné à votre prétention la valeur d'une proposition discutable. Cette augmentation de l'*impôt direct*, en rattachant à ce mot une idée de distribution individuelle, est la plus considérable, la moins contestable ; car pour ce qui concerne les *impôts indirects*, la justice veut que l'on reconnaisse que les droits du fisc vis-à-vis de chaque redevable ont été peu augmentés. Mais plusieurs des tarifs et droits sont trop élevés, sont insupportables, et il faudrait les réduire, en supprimer même quelques-uns, puisque leur produit augmente, au lieu d'aller au delà du problème : — Dépenser, sans souci de l'avenir, tout l'argent levé sur la France, et en lever le plus possible. L'application de votre maxime : « Faire rendre à l'impôt tout ce qu'il est susceptible de rendre, » cause nécessairement une augmentation de produits qui serait justice et bienfait si elle provenait de l'exécution des lois contre des individus qui jusqu'alors seraient parvenus à s'y soustraire ; mais elle est une cause réelle de l'augmentation de l'impôt, lorsqu'elle fait interpréter impitoyablement les tarifs, lorsqu'elle fait cesser des tolérances qui sont dans le *tempérament* de tel impôt, lorsqu'elle dénature les interprétations modérées qui avaient autrefois servi à le faire accepter.

— Ah ! avant de passer à un autre chapitre, permettez-moi de vous demander pourquoi vous avez flanqué votre *directeur-général* des contributions directes de trois sous-directeurs, dont l'ancien chef de ce service savait se passer ? Est-ce parce que cet ancien, n'étant que *directeur*, n'avait pas droit aux honneurs d'un conseil d'administration ? — Est-ce le nouveau directeur-général, ou bien est-ce vous qui avez exigé *ce conseil ?* — En tous cas il s'en passait bien, l'ancien, et le budget aussi ! Il avait, l'ancien, tout doucettement, sans faire trop crier la poule aux œufs d'or, amené le chiffre des contributions à 66 millions plus haut qu'en 1830, tandis que le nouveau...... — Il n'y a pas rien que les démocraties qui soient ingrates !

Pourquoi aussi la direction des contributions directes est-elle la seule qui n'ait pas son chapitre particulier dans votre comparaison ? Serait-ce par modestie ?..... Pourquoi aussi les allocations des receveurs généraux sur contributions directes sont-elles portées dans vos budgets au service général du ministère? Il semble qu'elles devraient venir ici comme les remises des receveurs de l'enregistrement sont portées à l'administration de l'enregistrement, etc. Donc les traitements des directeurs et contrôleurs et les dépenses diverses s'élevaient en 1830 à 3,690,000 fr.; aujourd'hui 3,771,820; les remises des percepteurs, etc., à 10,115,000; aujourd'hui 12,472,814. Total de l'augmentation : 2,439,634 fr.

Les traitements fixes des receveurs généraux et particuliers, leurs bonifications, taxations (1) et remises (non compris les commissions) ont été réduits de 5,615,000 fr. à 5,081,000, somme fixée en 1840 *par la Chambre des Députés*, après flux et reflux de quelques centaines de mille francs, et qui ne doit plus être dépassée, quelle que soit l'importance de l'impôt. — Très-bonne mesure qui devrait être appliquée à d'autres receveurs encore, non à tous cependant. — Bonne aussi, mais faible réduction que celle de 534,000 fr. sur ce chapitre; car... « ces commissions et bonifications sont si élevées pour trente « de nos plus riches départements, que des hommes entourés « d'une certaine considération les ont appelées un gaspillage de « la fortune publique..... Ces receveurs jouissent en outre de « l'avantage d'avoir, en sommes souvent aussi considérables « que les garanties données, le maniement des millions du bud« get et des localités, millions ne payant quelquefois aucun in« térêt pendant quelque temps; de n'avoir point à supporter « le soin ni la responsabilité du paiement des dépenses pu« bliques, puisqu'il y a des payeurs chargés de ce service; de « n'être encore sous le coup d'aucune responsabilité pour le « recouvrement des impôts indirects; de n'avoir à essuyer,

(1) Les taxations pour la centralisation des *impôts indirects* ne sont point ici au milieu des produits qui les ont fait naître; mais il y avait impossibilité de répartir cette dépense, qui s'élève à 1,148,000 fr., sur chacun de ces impôts.

« relativement aux contributions directes, d'autre inquiétude « que celle du plus ou du moins de bonifications (1), selon la « date des recouvrements : car les comptables inférieurs, qui « ont eux-mêmes des cautionnements, sont surveillés par leurs « supérieurs immédiats ; et si à une certaine époque ces der- « niers sont débités, en compte-courant, par le Trésor, du « montant des recouvrements en retard qui ne sont point tombés « en non-valeurs officielles, la charge en est supportée, en « définitive, par les percepteurs ; les receveurs en font seule- « ment l'avance. A tous ces bénéfices des receveurs-généraux « se joint celui d'avoir sur tous les points principaux de la « France, et chaque receveur dans les localités les plus re- « culées (2) du département qu'il administre, des correspon- « dants gratuits, assurés, *de tout repos*, comme on dit dans le « commerce, et d'être payés pour ces opérations de banque, « par le Trésor souvent, par les particuliers toujours....

« Des réformes économiques pourraient donc être appliquées « au service de trésorerie, difficilement cependant, car les « intérêts des receveurs généraux sont quelquefois liés, par « voie directe ou indirecte, à ceux de hauts et puissants per- « sonnages, et ces lucratifs emplois sont trop souvent des « compromis ou des récompenses politiques. »

(*Tableau de la Dette publique et des Budgets*, in-8°, Paulin, éditeur.)

(1) « *Les receveurs* des finances jouissent de bonifications, c'est-à-dire d'un « intérêt de 4 p. 100 en compte-courant, sur le montant des sommes recouvrées « *par les percepteurs* avant une époque fixée pour chaque département, et « établie d'après le plus ou moins de facilité qu'éprouve dans le département « la rentrée des impôts... »

(2) « Les effets de commerce et autres que les receveurs généraux se sont « chargés de recouvrer pour le compte de divers sont envoyés par eux à leurs « collègues des départements où ces effets sont payables, et si le lieu de « paiement est un village, ils sont expédiés à un percepteur, qui les reçoit et les « recouvre sans frais : sans frais pour le receveur général, car il n'y a de

Enregistrement, Timbre et Domaines.

N'étaient des sinécures — mais il y en a partout en l'an d'abus 1843 ; n'étaient quelques par trop grasses conservations d'hypothèques qui cependant ne sont pas tombées dans le domaine parlementaire et politique.... au même titre que les recettes générales et particulières, parce qu'elles sont moins faciles à diriger ; n'était l'esprit de cette administration qu'on pourrait appeler aristocratique, et qui ferme ses portes à beaucoup d'honnêtes gens (1) ; n'était l'esprit quelquefois trop fiscal de quelques jeunes employés, stimulés du reste par les fraudes nombreuses (2), mais d'ailleurs tempérés par d'indulgentes autorités et puissances ; n'étaient beaucoup de choses que vous savez, il faudrait louanger cette administration, qui brille au milieu des autres par le savoir difficile et l'intégrité inviolée de ses agents.

Les frais d'administration sont aujourd'hui de Fr.	11,596,650
Ils étaient en 1830 de.	10,730,960
Augmentation	865,690

« percepteur qu'au chef-lieu de perception, et le recouvrement occasionne quel- « quefois des déplacements ou l'envoi d'un commissionnaire dont il n'est tenu « compte au petit comptable. » (Notes de l'ouvrage cité.)

(1) Il faut être licencié en droit pour être admis à aspirer au grade de surnuméraire de l'Enregistrement. Ceci implique déjà qu'on a quelque fortune, et l'exigence est excessive ; car des études particulières et pratiques peuvent suppléer à ce que le titre de licencié n'implique pas nécessairement. De plus, on s'enquiert du rang qu'occupait dans *le monde* le père de l'aspirant, et si ce rang était, je ne dis pas infime, mais trop *modeste*, l'aspirant n'est presque jamais admis. Et cela est un déplorable esprit.

(2) Frauder le fisc est faire tort à ceux qui se soumettent à ses légales exigences : voler l'État, c'est voler les contribuables, qui doivent satisfaire aux besoins de l'État. Il n'y a avec les délits et crimes ordinaires que la différence qui ressort de l'indulgence inconcevable et coupable du public.

Les produits s'élèvent à 237 millions (50 millions de plus qu'en 1830), dont 196 millions pour les divers droits d'enregistrement (augmentation 41 millions), et 34 millions pour le timbre (augmentation 5 millions). Le surplus est formé de revenus et de ventes de domaines, et autres produits ordinaires ou accidentels ; et bien accidentels, puisque dans ceux de 1843 figure la vente de deux domaines et bâtiments hors de service, pour 1,684,400, que vous arrondissez en 2,177,660 fr. en les portant avec d'autres au chapitre des « améliorations de produits « domaniaux. »

Vous dites, ou à peu près, que l'accroissement de la population et l'état de paix ont amené la division des propriétés et un mouvement d'affaires qui ont fait augmenter le nombre des actes et contrats soumis aux droits d'enregistrement ; et que les sommes énormes chaque année dépensées pour ouvrir et quelquefois bien entretenir les voies de communication grandes et petites, ont fait, avec les autres causes, augmenter la valeur des propriétés ; enfin, que de ces faits est résultée une amélioration de produits que vous évaluez à 42 millions dans l'augmentation générale. Mais derrière ce tableau de prospérité fiscale, combien y a-t-il de ventes faites par autorité de justice, ou forcées sous forme volontaire ! que d'hypothèques prises ou données ! combien de droits judiciaires et de greffe, résultant de procès et de faillites ! combien d'enregistrements de protêts ! combien d'amendes politiques en ces temps de liberté, et de recouvrements de frais de justice à notre époque d'augmentation des crimes et délits !

Une élévation dans les tarifs des droits de succession en ligne collatérale et entre étrangers a produit 7 millions, — c'est bien : si ce n'est cependant que vos tarifs auraient dû reproduire par une gradation la différence qu'il y a entre un frère et un oncle.

Les droits de timbre figurent pour quelques millions dans le tableau de prospérité ci-dessus, et, d'autre part, s'amoindrissent par diverses causes : l'augmentation du nombre des journaux et de celui des actes soumis au timbre fixe, forme la plus considérable portion de l'élévation de ce produit : et une conséquence des dispositions de la loi du 24 mai 1834 (qui a diminué les droits du timbre proportionnel pour les effets de commerce, et rendu la pénalité plus sévère contre les contraventions) a été qu'on s'y est mieux soumis, d'où un débit plus considérable de. . . . . F. 1,194,000

Mais une autre conséquence de la même loi a été de rendre les contraventions, et en effet les amendes moins fréquentes, et leur produit moins élevé de 1,736,000

Le principe de la soumission aux lois, même aux lois d'impôts, a profité, il n'importe pourquoi ; mais ce n'est pas tout ce que voulaient ceux qui veulent faire rendre à l'impôt tout ce qu'il peut rendre, et vous vous êtes trompé dans vos combinaisons qui ont fait éprouver au fisc une perte de 542,000

Je dis vos combinaisons : car messieurs de l'enregistrement ne font que subir les élans de votre ardeur en matière de timbre. C'est vous qui tous les ans vous creusez la tête pour donner de *l'extension à cette matière imposable ;* qui, tous les ans, accouchez d'une œuvre consistant en amendes disproportionnées avec les contraventions, on en projet de pénalité contre tous les endosseurs d'un billet non timbré : n'êtes-vous pas allé jusqu'à demander l'annulation, c'est-à-dire la mort de ce billet? Heureusement qu'on a repoussé cette pénalité! Car accordée, et ne réussissant pas non plus, vous auriez fini par demander la peine de mort aussi contre les souscripteurs contrevenants, sauf à provoquer des moyens plus rigoureux si celui-là n'eût pas réussi.

C'est à vous aussi qu'appartient, sans doute, la remarquable *réparation* qui vient d'être introduite sur la façade des ateliers du timbre à Paris : jusqu'au 1er janvier 1843, et depuis juillet 1830, dont le marteau avait brisé les lettres du mot *royal*, on lisait seulement « TIMBRE »—ROYAL, n'apparaissait sur le mur que comme le reste d'une empreinte imprimée par les injures du temps, et qui s'effaçait. Vous venez de rétablir ces dernières lettres en relief, et pourquoi?.... *Timbre royal!* qu'est-ce que cela veut dire? On comprenait cela sous l'ancienne monarchie, où tout ce qui était public appartenait au roi, où l'on disait le pavé du roi, le timbre royal, le trésor royal. Mais que voulez-vous, vous, enfants d'une révolution populaire avec votre timbre royal?...

—TIMBRE ROYAL ! ! !

Forêts.

« La division du sol forestier, telle qu'elle existait en 1830, « avait (dites-vous) le grave inconvénient, etc... Elle a été re- « fondue.... Ces changements et réorganisations n'ont occa- « sionné qu'un surcroît de dépense de 400,200 fr., et ont eu « pour résultat l'élévation progressive des produits qui, en « 1843, excéderont les prévisions du budget de 1830, de « 5,166,889 fr., et les produits effectivement réalisés sur cet « exercice, de 9,975,267 fr. »

Il est impossible d'être plus affirmatif : il serait difficile d'entasser autant d'*erreurs* en moins de lignes,

Les frais de cette administration s'élèveront à 5,400,000 fr.,

— 1,400,000 de plus qu'en 1830. Les produits ont été évalués à 34,862,000 fr. Examinons la *refonte :*

Il y avait, en 1830, 20 conservateurs, il y en a 32 aujourd'hui ; 83 inspecteurs, aujourd'hui 131 ; 125 sous-inspecteurs, aujourd'hui 101 ; 357 gardes-généraux, aujourd'hui 472 ; Augmentation : agents, 151 ; dépense, 627,800 fr.

Autre calcul : les aliénations opérées de 1831 à 1835 ont réduit de 116,780 hectares l'importance des bois de l'État qui, d'autre part, s'est enrichi des 13,176 hectares de la forêt de Rambouillet : de sorte que quand le sol forestier perdait 103,604 hectares, vous fabriquiez 151 emplois supérieurs. Donc, pour être conséquent, il faudrait, ma proportion étant bien chiffrée, si vous vendiez nos 1,021,000 hectares restant, créer 1,488 inspecteurs, gardes-généraux et conservateurs qui n'auraient plus que le soin de conserver leur traitement et de former des élèves.

« Les aliénations, qui ont porté de préférence sur les parcelles de bois isolés » (compte des finances pour l'année 1835, page 446), ont, avec d'autres causes, amené une réforme de 836 gardes et brigadiers sur 3,356. Pourquoi le contraire d'une réforme a t-il eu lieu dans les rangs supérieurs ? — Pourquoi : parce que ces emplois (et leur uniforme) sont brillants, influents, recherchés des fils de famille, et aussi de leurs auteurs autour desquels sont de nombreux électeurs !

Et cette refonte n'a pas suffi. Le budget de 1844 nous menace d'une nouvelle, déplorant « que la composition du personnel ne permette pas d'opérer » diverses améliorations. Une refonte urgente serait de répartir mieux les agents supérieurs dans les conservations qui en comptent, les unes trop, les autres pas assez. Ainsi, des gardes-généraux n'ont à surveiller que 2,000 hectares ; c'est trop peu. D'autres en ont 7 et 8 mille ; c'est trop. Pour obtenir un bon service d'un employé, il ne faut pas lui donner plus de travaux qu'il n'en peut faire, car, le plus souvent alors, il ne fait rien.

—Autre résultat de la refonte en attendant la prochaine.— L'importance d'une conservation réglait son classement en 1830 ; cela était bien, mais ne convenait à certains conservateurs (hommes du progrès... en matière d'abus) qui préféraient telle résidence à telle autre ; et aujourd'hui c'est l'importance personnelle du conservateur qui fait celle de sa conservation, c'est-à-dire qu'il peut être de première classe dans une conservation de dernier ordre.

Du reste, on approuvera l'amélioration apportée à la position des gardes-généraux et des gardes inférieurs. Il faut que les employés de l'État soient payés raisonnablement pour qu'ils ne soient pas exposés à des tentatives de corruption. — Payez-les bien, mais réformez les inutiles et les incapables. —On approuvera aussi la réserve de 200,000 fr. laissée pour les agents forestiers, au chapitre des *Remboursements et restitutions sur le produit des amendes* ; en vous faisant observer toutefois que cette somme, remplaçant un fonds de gratification classé en 1830 aux *dépenses des forêts*, augmente, sans préjudice d'autres choses, votre étrange résultat final (1), et en vous demandant s'il est vrai que les gardes-généraux qui n'ont pas une fortune personnelle suffisante pour avoir un cheval soient privés de ces gratifications. Alors ce serait criante injustice ; car il n'est attaché que de faibles appointements à leur grade, comme à tous autres,

(1) Lorsque des changements de classification font transporter une recette ou une dépense d'un service à un autre, l'importance du chiffre transporté enfle le résultat final du service profitant, d'une façon plus ou moins apparente ; mais l'ayant cause dans le service nouvellement chargé a grand soin de faire ressortir le changement d'ordre et de classification. Il eût été trop long de relever en leur lieu tous ces subterfuges, dont le service *Forêts* offre le modèle. — Si ce n'est pas un subterfuge, c'est une marque de plus de la vanité, du décousu de l'œuvre comparative, dont un simple relieur a réuni les feuilles.

au surplus, cette administration étant celle où les emplois sont le moins rétribués. J'ajouterai que de bonnes innovations, des travaux productifs et des dépenses *balancées* par des recettes équivalentes et au delà, entrent pour beaucoup, et comme la meilleure des conséquences de votre refonte dans l'augmentation de dépense de 1,400,000 fr., de 1843 sur 1830. Mais je ne prends pas au sérieux l'augmentation de recette de 9,975,267 fr. dont vous vous rengorgez ; car si cette somme est effectivement la différence entre les produits réalisés selon les nomenclatures des forêts en 1830, et les prévisions de 1843, c'est que c'est seulement depuis 1830 que sont portés au budget des forêts *divers produits accessoires, la location de la pêche*, etc...., qui figuraient alors parmi les recettes de l'enregistrement, et la redevance des communes pour les frais d'administration de leurs bois qui, en 1830, était ajoutée aux contributions directes (1). Pour ce qui est de l'augmentation réelle de 5,166,889, qui ressort sur les 35 millions de produits présumés pour 1843, voici une nouvelle citation du *compte des finances de* 1835, qui fait l'éloge des mesures prises pour obéir à la loi sur les aliénations de bois, mais qui sape déjà vos prétentions nouvelles :

« L'administration a fait porter les ventes de préférence sur « les départements où elle pouvait obtenir les capitaux les plus « élevés, en perdant le moins de revenus ; et ainsi, après avoir « vendu la dixième partie environ des forêts domaniales, les « revenus de 1835 se sont élevés à une somme à peu près égale « à celle des années antérieures aux aliénations. »

Reste l'augmentation du prix du bois : considération qui brise

(1) Vous vous êtes *fourvoyé* en espérant meilleur produit du changement apporté à partir de 1842 dans l'assiette de cette redevance ; imposée d'avance, elle était payée sans réclamation ; proportionnée aujourd'hui à la valeur des coupes abattues, les communes réclament et réclameront, quelle que soit l'évaluation, qu'elles trouveront toujours trop élevée.

vos prétentions. Ainsi, dit un journal qui me tombe sous la main : « Dans les dernières adjudications la futaie du massif de « Trois-Fontaines a été payée à peu près au double de ce qu'on la « payait il y a vingt ans, et le prix du taillis a quadruplé depuis « huit ou dix ans. La concurrence que se font les forges en « trop grand nombre explique la cherté du taillis.... La vente « des bois en fonds dans la Meuse a amené, par les coupes à « blanc-étau et les défrichements, la destruction des futaies.... « Il est tel canton où l'on coupait naguère 60,000 solives de « chêne, et qui, aujourd'hui, n'en livre pas annuellement « 5,000 au commerce, etc.... » (*L'Ancre*, journal de Saint-Dizier. Novembre 1842.)

Douanes, Sels et Contributions indirectes.

Les draps, les houilles, les fers, les fils, que sais-je? les intérêts de quelques marchands, vos protégés et vos protecteurs, forment la mesure des tarifs de douanes : le consommateur, c'est-à-dire la masse de la population, n'est qu'une matière prolifique et bénéficielle.

Quand vous semblez vouloir le bien et le progrès, par des motifs inconnus, vous allumez votre flambeau pour voir quel souffle l'animera ou l'éteindra; et le plus souvent c'est vous qui posez l'éteignoir. — Ainsi, pour l'enquête commerciale de 1834; ainsi pour les vins; ainsi pour les sucres; ainsi pour l'union douanière avec la Belgique; ainsi pour toutes les questions grandes : des localités, des individualités s'émeuvent, et vous ne faites rien (1); vous laissez tout en suspens et en souffrance; et vous

(1) Je dis *rien*, même après la proposition inacceptable et non avenue de *supprimer* le sucre indigène.

appelez cela se tenir au juste milieu des intérêts, et administrer. Eh! non, Monsieur, la France ne s'administre point comme un domaine privé! Elle ne se résume point dans une tirelire! Nos douanes n'ont point été établies pour le profit de quelques industries, ni même pour satisfaire aux ardeurs du fisc, encore moins pour subventionner tant et tant de visiteurs immodérés, d'additionneurs de chiffres et de contrôleurs d'acquit.

L'état de paix, propice au mouvement commercial, l'augmentation d'une population qui doit vivre et gagner sa vie, et, à la suite de ces deux causes, l'augmentation de la production et de la consommation, ont fait élever les droits de douane du chiffre

de 1830. . . . . Fr.	110,940,000
à.	137,020,000
En plus à 1843.	26,080,000

Cet accroissement de la population et diverses autres causes

ont fait élever aussi l'impôt sur le sel, de . . .	61,127,000
au produit actuel, de	65,044,000
En plus à 1843.	26,917,000

Et à qui profitent ces augmentations? — Au pays? — Non, mais à vous qui, par ces augmentations de l'impôt, trouvez prétexte à de plus considérables dépenses; — puis à quelques employés, dont les allocations s'accroissent incessamment avec les recouvrements; et pourquoi? Est-il de bonne administration encore que les chefs de service descendent les degrés de la hiérarchie pour s'abattre et s'ébattre sur des bureaux qui produisent 18, 30 et 50,000 fr., et plus, et toujours plus, à mesure que l'impôt produit plus? Est-il bienséant qu'en l'année de misère et de travail 1843, il y ait de tels emplois flanqués d'autres de plusieurs fois mille écus, qu'on appelle *canonicats*, *retraites*, *bagues au doigt*, tels que les recettes sur le sel; plusieurs des contributions directes et de l'enregistrement, etc...; sans parler des administrations centrales?

Déduction faite de l'impôt sur le sel des salines de l'intérieur, compris dans le total ci-dessus, l'ensemble des contributions indirectes (1) a été évalué, pour 1843, à . . Fr. 138,334,000

Pour 1830, à 134,223,000

Et l'augmentation de 4,111,000

serait, dites-vous, « *plus élevée* de 31,930,000 fr., » si vous n'aviez supprimé les droits d'entrée sur *les boissons* dans les villes au-dessous de 4,000 âmes, et abaissé les tarifs dans les villes d'une population supérieure. Je ne saurais contrôler vos explications sur les causes qui accroissent ou qui compensent les effets de cet abaissement de tarifs, telles que l'augmentation de la population; les entraves opposées à la fraude; la force morale de l'administration; 40 et 60 pour 0/0 d'augmentation des quantités de liqueurs soumises aux droits; « l'aisance qui se « répand chaque jour davantage sur les classes ouvrières; » la diminution du prix des vins, qui étant de 12 0/0 depuis 1830, répand chaque jour davantage la gêne chez les propriétaires de vignobles; « l'établissement des taxes uniques dans *plus de* « *soixante-six* grandes villes. » — Dites-nous, à l'occasion, si c'est 66 1/4, 1/2 ou 3/4 de ville, ou bien 66 3/8, 5/8 ou 7/8: en attendant un mot sur vos prétentions antifiscales et quasi-populaires: les droits sur les boissons furent de tout temps insupportables; après Juillet ils furent supprimés de fait ou suspendus dans plusieurs villes, et la réduction prononcée par la loi du 12 décembre 1830 a été un acte d'obéissance à la volonté du peuple, lequel était alors quelque chose, sauf vos réserves mentales. Retirez donc vos prétentions, incompatibles

(1) Droits divers sur les boissons, 94 millions : sucre indigène, 7 millions. Voitures publiques, dixième du produit des octrois des villes; garantie des matières d'or et d'argent, navigation, péage des ponts, etc., 37 millions.

d'ailleurs avec cette phrase de votre discours de présentation du budget de 1842 : « Les avantages attachés aux impôts de con- « sommation..... ont fait penser à *de bons esprits* que *le moment « était arrivé* peut-être *de relever les tarifs* des boissons *aux taux « de l'année* 1829. »

Le temps me manque pour m'assurer si ce dégrèvement forcé a influé ou *n'a pas influé* sur l'augmentation des droits d'octroi qui entrent dans le revenu des villes. « Les modifications des « tarifs d'octroi ont, dites-vous avec raison, leur part d'in- « fluence sur le sort des taxes municipales; mais il serait diffi- « cile de les apprécier. » Et si difficile que vous mettez cette influence de côté immédiatement, pour attribuer dans des proportions nettes l'augmentation sur le produit du dixième des octrois « à l'accroissement de la population et au bien-être des « classes ouvrières. » Ce qui est beaucoup plus clair, c'est que le dixième alloué au fisc sur ces droits a augmenté de plus d'un quart depuis 1830. Ce qui est encore incontestable, c'est que les centimes additionnels spéciaux de la contribution directe ont été augmentés de 45 millions. Qu'a-t-il gagné, le contribuable, à une réduction du tarif des boissons? — Ce que gagnerait un pauvre diable ayant, par exemple, nécessairement besoin de deux objets différents, et à qui on dirait : Tu me paieras telle chose un quart de moins que de coutume. — Bon, dirait le pauvre diable, je vous suis obligé. Vous êtes meilleur que je ne croyais. — Oui, répondrait le beau marchand, mais j'augmente l'autre d'un tiers.

Les dépenses des Douanes s'élèvent à 25 millions : c'est beaucoup plus qu'en 1830, et vous avez augmenté aussi le nombre de ses agents et des gardiens de nos frontières, comme si vous aviez fait notre France plus grande. — Vous rétablissez peu à peu, après des réformes forcées, les dépenses des contributions indirectes (24,816,000 fr.), et multipliez les employés. Et à côté de ces augmentations et multiplications d'argent et d'agents, sont venues les augmentations et multiplications des *pensions et indemnités temporaires aux employés supprimés par mesures* D'ÉCONOMIES. Pourquoi donc inventer, par exemple, des employés pour « opérer plus fortement l'exercice du sucre indigène, » et demander en même temps la suppression de sa fabrication, si ce n'est pour avoir encore des emplois à distribuer ; car, en homme de conviction, vous devez tenir à cette suppression. Je ne crois cependant pas, comme le *Journal des Débats* l'insinuait, que ce soit pour la préparer qu'ont été préparés les règlements qu'il accusait ainsi, le 29 septembre dernier : « Les raffineurs, les négociants, « éprouvent déjà des entraves..... N'est-ce pas d'un seul coup « anéantir leur commerce, et le rendre dans l'avenir matériel« lement impossible?..... L'application de l'ordonnance (du « 19 août 1842) n'offre aucune garantie pour la perception : « ces entraves sont autant de tracasseries sans aucun résultat « utile. » Je répète que je ne crois pas à ce que dit le *Journal des Débats*, et je ne parle que de vos convictions sur le sucre, bien entendu.

Deux industries sont rivales, et vous prétendez en supprimer une, parce que vous ne trouvez pas le moyen de concilier leurs exigences. — Mais pourquoi êtes-vous ministre, Monsieur? Est-ce donc seulement pour l'avantage de toucher 80,000 francs par année, et disposer de milliers d'emplois gros et petits, selon les positions, parentés et recommandations? Interdire la fabrication du sucre indigène ! Mais naguère on encourageait cette industrie nationale, on décorait les fabricants de l'ordre royal de la Légion-d'Honneur. Mais si des planteurs du midi de la France y naturalisaient le cafier, l'indigotier, il faudrait leur interdire leurs plantations hostiles aux Colonies ! Mais l'indemnité, qui est la conséquence de la suppression, deviendrait un tel précédent, que, sur les lignes de chemins de fer, si on les fait, il faudrait indemniser les maîtres de postes, les entrepreneurs de messageries, les commissionnaires de roulage, les rouliers, les aubergistes, et ceux qui leur vendaient des fourrages, et ceux qui écoulaient leurs provisions sur la route, et tant d'autres!.... plus, les ouvriers des établissements fermés, si vous voulez bien me permettre de compter les ouvriers pour quelque chose.

Tabacs.

On lit dans l'*Histoire des Voyages* que le roi du Congo choisit quelquefois, pour se promener, un jour où il fait beaucoup de vent, et ne met alors son bonnet que sur une oreille; *si le vent le fait tomber*, il impose une taxe sur les habitants de la partie de son royaume d'où le vent a soufflé..... Ce mode de lever des impôts peut sembler étrange à ceux qui ne sont pas acclimatés aux mœurs fiscales du Congo, mais (permettez-moi une supposition qui n'a, d'ailleurs, rien d'injurieux) supposons que vous soyez un habitant influent et distingué du Congo, placé sous le vent, sans être des habitants de delà; supposons encore qu'on vous a fait bien comprendre ce que c'est que la liberté et l'économie des pays civilisés, et qu'alors on vous dise: « Dans un pays qui a fait plusieurs révolutions pour acquérir la liberté et pour payer moins, les habitants paient le droit de travailler, d'acquérir, de posséder; le droit de se garantir du froid par des fenêtres, des voleurs par des portes; le droit de mettre du vin dans leur eau, du sel dans leur pain; ils paient pour se donner et échanger quoi que ce soit; ils sont obligés d'acheter, dans des boutiques désignées, de petits morceaux de papier, timbrés de quelque chose, pour s'écrire quoi que ce soit d'important; ils sont forcés d'acheter dans d'autres boutiques, et une, deux, trois fois leur valeur, des objets qu'ils auraient à meilleur compte de leurs voisins; ou bien, pouvant faire quelque chose à bon marché chez eux, on veut le leur interdire, et qu'ils le fassent venir de loin, et qu'ils le paient cher, et qu'ils paient encore les frais de l'interdiction. Ils paient tant et tant, pour faire ou ne pas faire, ou n'avoir pas fait, qu'il ne leur reste rien, et que leur vie est bien triste, et qu'ils voudraient mourir si cela ne coûtait pas si cher pour se faire enterrer. » — Mais, feriez-vous judicieusement, car je vous conserve votre caractère, ce ne sont pas ceux qui meurent qui paient, et, pour le reste, il n'y a que ceux qui ont quelque chose qui paient; et, dans un grand empire, il faut une grande administration, une grande armée de soldats et d'agents, soutiens et ornements de l'édifice; et des impôts, beaucoup d'impôts pour payer tout cela, et beaucoup d'employés pour empiler ces impôts et pour les contrôler. — Peut-être. Dans tous les cas, il ne faut pas que les protecteurs et les impositeurs rongent jusqu'aux os les protégés et les imposés. — Peut-être, diriez-vous. — Et on ajouterait : Dans le même pays qui a fait plusieurs révolutions pour acquérir la liberté, on est libre, comme un lièvre pris au lacet est *libre de courir* dans un jardin, ou *libre de ses mouvements* dans un clapier; en ce même pays, on a conquis la liberté de planter, dans son champ, des choux ou des raves; — et tout ce que l'on veut, diriez-vous, si vous étiez un habitant distingué du Congo? — Non, une plante est interdite; du moins on ne peut la cultiver que pour le compte du fisc, qui surveille jusqu'aux feuilles, la prend, la prépare, et la vend le prix qu'il veut, c'est-à-dire fort cher, et de la qualité qu'il veut — c'est-à-dire mauvaise — à ceux qui se sont fait un besoin de son usage. Dans le même pays libre, on appelle cela monopole. — Ah! diriez-vous en réfléchissant profondément; est-ce un bon produit? — Mais oui; on en vendait pour 68 millions il y a douze ans; et la vente a progressé jusqu'à 100 millions; et, en déduisant 28 millions pour les achats, si propices aux parties intéressées, et, pour le transport, les gages et salaires des ouvriers, et autres frais matériels; plus 3 millions et davantage à distribuer aux directeurs, sous-directeurs, inspecteurs, sous-inspecteurs, régisseurs, contrôleurs, entreposeurs et commis, dont on eut la bonne occasion d'augmenter le nombre, il reste 68 à 69 millions de bénéfices nets.

— Bon, diriez-vous, j'aime le tabac; j'en vais prendre de la graine pour l'acclimater dans le Congo. — Mais le Congo n'est pas civilisé ni libre comme on l'entend ici. Pourrez-vous y acclimater le monopole?

Poudres.

Il y a, et il existait longtemps, longtemps avant nous, plusieurs sortes de poudre : — La poudre d'or, qu'on épanche sur les bons et les mauvais écrits qui en reluisent; — la poudre aux vers, dont il serait bien de découvrir une nouvelle qualité contre les rongeurs du budget; — la poudre de perlimpinpin, dont le populaire dénomme les choses sans vertu; — la poudre à feu (1), dont la France fit longtemps un immortel usage; — la poudre à perruques, dont on n'use plus guère qu'aux jours du carnaval.

(1) Il est actuellement fabriqué 2,287,000 kilog. de poudre de mine, de guerre et de chasse, dont le prix de revient n'est pas seulement de 3,472,574 fr. comme vous le dites, par une erreur qui se perpétue dans les budgets, mais de 3,739,874 fr., en ajoutant les traitements d'employés des contributions indirectes, les loyers de magasins, et les frais de transport des poudres destinées à être vendues en France. Il en est vendu par l'administration des contributions indirectes, aux entrepreneurs de travaux, aux artificiers, aux armateurs et à d'autres particuliers, une quantité de 1,600,000 kilog. qui coûtent 2,647,700 fr., et qui produisent 5,310,000 fr. Le surplus est consommé par les ministères de la Marine et de la Guerre (y compris 4,000 kilog. vendus en Algérie.) Le budget de 1830, depuis lequel les prix ont été augmentés, ne prévoyait qu'un produit de 4,096,000 fr.

Lorsque vous en usez au figuré, à laquelle de ces poudres faites-vous allusion? — car vous en usez. — Tous les jours vous réduisez en poudre les critiques de vos nombreux désapprobateurs, — ou vous en tirez aux moineaux en employant vos labeurs à justifier l'augmentation des dépenses, — ou vous nous en jetez aux yeux, en faisant chanter par vos rapsodes les bienfaits produits par vous et par l'impôt.

De perlimpinpin ou autre, elle est bien chère, votre poudre, votre poudre qui n'est pas celle dont la France fit longtemps un usage immortel.

Postes.

J'ai toujours été singulièrement étonné, et la dernière fois autant que la première, et la première autant que la dernière, en voyant passer les malles-postes et les omnibus des facteurs. Pourquoi, me disais-je, ces voitures n'ont-elles pas une musique formée d'une grosse caisse, d'une paire de cymbales et d'une clarinette, avec un monsieur habillé de rouge sur le devant, orné de bagues et de breloques, et d'un chapeau à cornes? — Ah! me répondais-je, c'est que cela nuirait à la rapidité de la marche. Le fait est qu'elle est rapide, la marche.... quand elle est rapide; mais elle ne l'est pas toujours, je veux dire durant l'hiver, ou lorsque la route est mauvaise; lorsque (comme au mois de janvier dernier, sur la ligne du Havre) la malle arrive fréquemment après les messageries (voir plusieurs journaux). Les ponts-et-chaussées disent que ce n'est pas leur faute si les routes sont mauvaises; ce n'est pas la nôtre, non plus; nous ne lésinons pas avec eux. Ce n'est pas celle des maîtres de poste qui..., je veux dire dont les chevaux crèvent à la peine; — ce n'est pas la nôtre, encore une fois : nous ne

lésinons pas non plus avec l'administration des postes, à laquelle on avait accordé, pour 1830. . . . . Fr. 16,779,824
qui en dépense aujourd'hui 30,365,238

et qui trouve insuffisante encore l'augmentation de. 13,585,414

Mais j'ai eu tort de poser ici mes chiffres, car je crois que nous aurons à en causer tout à l'heure; et, il faut le dire, de notables améliorations ont été introduites aux postes; de nouveaux services ont été organisés; les distributions des lettres ont été accélérées; le service rural, mis à exécution en 1830, en vertu de la loi du 3 juin 1829, a été étendu (1); le projet des paquebots transatlantiques décidés et votés pour 1830, et abandonné depuis, a été repris : les paquebots de la Méditerranée ont été inventés, avec beaucoup d'autres bonnes choses, à des satisfactions générales et particulières. Enfin, « en 1830, il n'existait que 22 lignes desservies en malles-« postes, et qui parcouraient 591,633 myriamètres, aller et « retour : en 1843, il existera 30 lignes desservies en postes, « qui parcourront 741,365 myriamètres; différence en plus, « 149,732 myriamètres, qui justifie cette augmentation de « dépense. On fera observer, ajoute le *Postal*, que c'est à « l'aide de cette augmentation de lignes desservies en poste, « que l'on doit d'avoir pu obtenir l'accélération de vitesse « dans le transport des dépêches, qui est le principal moteur de « l'augmentation de 60 pour 0|0 obtenue sur les produits. »

60 pour 0|0 d'augmentation! chiffrons. — Le produit de la taxe des lettres s'élevait, en 1830, à 27,205,000 fr.; il s'est augmenté de 15,123,000 fr. (2) par suite d'un plus grand mou-

(1) Pourquoi fait-on payer un décime en sus pour les lettres distribuées par ce service? Cela n'est pas juste.

(2) Le *Postal* dit que cette augmentation de 15,123,000 fr. provient de cinq causes qu'il énumère par 1°, 2°, 3°, 4°, 5°; et le 1° et le 5° parfaisant cette

vement des affaires, d'un plus grand nombre de correspondances, d'envois d'imprimés, etc., et aussi d'améliorations incontestables; mais cela ne fait que 55 58 0/0, s'il vous plaît, monsieur le Postal! — les bons comptes font les bons amis. C'est déjà une très-grande augmentation. — Continuons l'exécution de votre bonne idée : ces sortes de proportions rendent les choses claires et palpables. Les produits généraux des postes s'élevaient, en 1830, à 30,523,000 fr.; ils se sont augmentés de 17,870,000 fr., soit de 58 54 0/0. — Et maintenant la dépense : nous avons vu qu'en 1830 elle était, pour le tout, de 16,779,824 fr., et qu'elle s'est accrue de 13,585,414 fr., — c'est donc 80 96 0/0 d'augmentation, monsieur le Postal! — On comprend parfaitement que vous ayez obtenu 58. — Si, parmi ces frais, nous prenons seulement ceux du personnel administratif et de perception dans les départements, 4,200,910 fr., en 1830, augmentés de 5,375,000 en 1843, nous verrons qu'ils ont été accrus de 127 97 pour 0/0, et de plus en plus nous nous étonnerons moins des améliorations obtenues et des augmentations de produits. — Sans parler des énormes et énormissimes frais de premier établissement des services.

Encore une petite proportion, puisque vous nous avez mis en rapport avec elles : les dépenses s'élèvent à 30,365,000 fr., et les produits, à 48,393,000 fr., et de la comparaison des frais avec les recouvrements résulte un coût de 62 p. 0/0, c'est-à-dire une proportion quatre fois plus considérable que celles qui pourraient être calculées pour les autres administrations les plus dépensières. On continue à comprendre qu'on obtienne des améliorations à ce prix. Du reste, les postes coûteraient plus qu'elles ne produisent, il faudrait encore qu'elles restassent

somme, on aurait le droit de lui demander raison du 2°, du 3° et du 4°, s'il ne voulait pas convenir que ces 2°, 3° et 4° ne sont posés là que pour la plus grande gloriole de l'administration.

un service public; mais, puisque les améliorations sont si coûteuses, il ne faudrait battre si fort la caisse et les cymbales, ni jouer de la clarinette. — Pardon si je parle ainsi, mais ce n'est pas moi qui ai commencé, comme disent les enfants, petits et grands, — c'est vous qui vous êtes avisé de parler de 60 p. 0/0.

L'examen des administrations financières étant terminé, arrive naturellement ici une question qui a été faite dans un livre déjà cité, et à laquelle il n'a pas été répondu. L'auteur demande : « Quels services sont rendus par des directeurs-généraux, ac« cusés, critiqués, sous beaucoup de rapports, même par leurs « supérieurs, les ministres, et qui sont défendus, maintenus « par une volonté plus forte? » C'est au milieu du service des postes qu'il demandait cela, page 188.

Recettes diverses.

D'autres produits restent à passer en revue pour une importance de 39 millions. Parmi ces recettes, quelques-unes sont complétement nouvelles; d'autres ont été rattachées au budget depuis 1830 (pour 16,012,274) par les bonnes et sages dispositions qui ont été déjà signalées; d'autres existaient déjà dans les anciens budgets en sommes égales ou moindres.

Plusieurs de ces produits sont de véritables impôts; car il y a impôt toutes les fois qu'on est obligé de payer pour exploiter sa chose, ou lorsqu'on paie un service rendu par l'État au delà de ce qu'il en coûte à l'État pour le rendre. N'est-ce point un impôt que le produit de la rente de l'Inde, un million payé par l'Angleterre en compensation de l'abandon que nous lui avons fait, en 1815, du droit, résultant des traités, d'exporter du sel et une certaine quantité d'opium dans ses possessions? C'est un impôt que les 300,000 fr. des redevances des mines, payées en augmentation des contributions directes, ainsi que les droits de vérification des poids et mesures, un million, et divers autres produits. Ce sont des impôts, pour une grande portion, que les 2,440,000 fr. des produits de l'Algérie où vous vous êtes empressés (1) de porter une partie des analogues des contributions de France, sans doute, afin de pouvoir répondre au reproche de ne rien faire d'efficace ou de rationnel pour civiliser ce pays : — l'impôt est l'indice et le mètre de la civilisation !

Les 3,560,000 fr. de redevances et rétributions universitaires, perçues dans les colléges, dans les pensionnats, dans les facultés, pour le compte de l'État et (pour une portion) comme droit de présence de professeurs aux examens, sont-ils des impôts? En seraient-ils aussi les 900,000 fr. de produit de pensions des élèves des écoles militaires? Dans tous les cas, la France paie assez cher bien d'autres choses moins précieuses que l'instruction, pour que les enfants de tous reçoivent gratuitement cette instruction, pour qu'au moins les enfants des pauvres, envoyés d'abord aux écoles inférieures, et chez lesquels l'application a fait prononcer une vocation, n'aient pas à lutter, à s'épuiser contre le manque d'argent, dans les degrés

(1) N'eût-il pas mieux valu attirer les colons dans un pays franc et libre?
Cet établissement immédiat de nos impôts en des pays nouvellement conquis est, du reste, coutume en France. Elle se comprenait mieux quand il s'agissait de peuples beaucoup plus rapprochés de notre civilisation que n'est l'Algérie, et rappelle cette lettre d'un bon receveur particulier des finances, qui adressa à l'Empereur, au camp de Boulogne, la demande de la *recette générale de Londres, département de la Tamise.* La lettre arriva malheureusement après la dispersion de la flotte, et ne fut pas très-bien accueillie, comme on le pense bien.

supérieurs. On fait des remises de droit d'examen et d'inscription dans les facultés ; mais elles sont accordées, et difficultueusement, dans de trop faibles proportions.

On comprend encore dans les *divers revenus*, depuis 1842, 6 millions de recettes du service général et local des colonies de la Martinique, de la Guadeloupe, de la Guyane et de Bourbon. La dépense, qui est également comprise au budget, s'élève à 8,227,000 fr., et la différence n'est pas dans son entier une charge nouvelle ; car il était, avant cette insertion intégrale au budget, accordé des subventions aux colonies.

Les produits éventuels sont, ainsi qu'il a été dit au ministère de l'Intérieur (page 30), le résultat d'emprunts de diverses localités, et les contingents des particuliers et communes pour suffire à diverses charges spéciales. Ce sont des impôts pour une portion, et pour l'autre des causes d'impôts futurs ; car il faut rembourser quand on a emprunté. Ils s'élèvent à près de 11 millions, et la presque totalité est une augmentation.

Les bénéfices annuellement enlevés à la Caisse des dépôts et consignations (un million pour 1843), sont l'un de vos actes financiers les plus malavisés, les plus reprochables. La Caisse des dépôts et consignations n'est point vôtre ; elle a été établie, par la loi, indépendante de tous. Chargée par vous du service des caisses d'épargne, et ayant reçu de vous 4 millions de rentes en échange d'une dette de cent millions ; obligée à faire de nouveaux achats de rentes pour 68 autres millions, qui vont s'augmenter encore, qu'arriverait-il, pour ne parler que de ses embarras, si une crise et les exigences des déposants (1) faisaient réclamer des remboursements considérables ? Pourriez-vous lui prêter des fonds, lui rendre ce que vous lui pre-

(1) Les dépôts des caisses d'épargne s'élèvent aujourd'hui à la somme énorme et dangereuse de 300 millions.

nez ? Non : obligée alors de vendre à perte ses rentes, elle ferait une opération qui serait mauvaise et qui ajouterait à la crise. Avant 1830, on n'avait effectué qu'un seul prélèvement sur les bénéfices de la Caisse (en 1824), et la mesure était à l'abri de toute critique, puisque ces bénéfices étaient grands encore, et que les chances de perte n'existaient pas. Vous, depuis 1831, vous lui prenez mesquinement tout : cela n'est pas bien.

Viennent, pour compléter les *produits divers*, le remboursement de prêts, les ventes d'objets divers, les revenus des bergeries, haras, écoles des arts et métiers, etc. ; la recette d'ordre (qui a sa contre-partie en dépense) du prix de revient des poudres, et quelques autres. Enfin, pour terminer la revue de 1843, mentionnons le complément disponible (75 millions) sur l'emprunt réalisé de 150 millions, affecté au paiement des dépenses extraordinaires des ponts-et-chaussées, de la guerre et de la marine. Cet expédient n'avait pas d'analogue au budget de 1830.

Et pour ne rien négliger de ce qui concerne les recettes, il reste à vous remercier de la suppression des deux produits honteux, de la loterie et de la ferme des jeux. Vous avez « abandonné ces deux importants produits pour déférer à des réclamations faites au nom de la morale publique, » continuez ; déférez : faites, Monsieur, que le budget et ses tenants et aboutissants soient émondés, comme on soulage les arbres de leurs branches pourries ; et du gui et des vénéneux champignons !..... Mais le gui et les champignons et les branches pourries, ne sont q'uaux vieux troncs... et ce n'est pas vous qui planterez le nouvel arbre !...

Dette publique.

Rentes perpétuelles.— Les rentes 5 0/0 s'élevaient, en 1830, à . . . . Fr. 163,886,728

Elles n'ont plus qu'une importance de . . . 147,042,988

La réduction est de. 16,843,740

« Cette différence est, dites-vous, le résultat des décroissements opérés successivement sur les rentes 5 0/0 dans l'intervalle qui a séparé la formation des deux budgets de 1843 et de 1830, compensation faite des accroissements que lesdites rentes ont en même temps éprouvés... »

M. de la Palisse eût tout bonnement écrit en face de la différence de 16,843,740 fr. : « *Résultat des décroissements, compensation faite des accroissements.* » Mais c'eût été trop simple. Vous avez fait une longue phrase, et vous avez eu tort, comme presque toujours..... Je n'ai critiqué, jusqu'à présent, l'enveloppe de vos chiffres que lorsque vous paraissiez faire une confusion des mots *augmentation et réduction de dépenses et d'impôts*. Une critique de votre style eût, d'ailleurs, été trop longue et maussade, et m'eût fait trop d'ennemis; car votre œuvre a été « faite avec le concours de tous les départements ministériels, » et *le style, c'est l'homme*, dit-on. Je n'examinerai donc que la phrase ci-dessus, et par occasion; c'est déjà bien assez.

Décroissements *opérés*, dites-vous. — Ce n'est pas exact : il y a des décroissements que vous n'avez pas opérés, par exemple, les majorats et les usufruits qui se sont éteints (sans votre concours, probablement).

Successivement est de trop.

Sur les rentes 5 0/0 est de trop aussi, puisque c'est seulement de ces rentes que vous parlez dans le chapitre où j'ai pris ma citation.

Formation des deux budgets. — C'est vous, ministre, qui *formez* de chiffres et de mots *les projets* de budgets ; c'est le pouvoir législatif qui *fait* que ces projets deviennent *des budgets.*

Des deux budgets de 1843 et de 1830. — *Deux* est de trop. On ne dit pas, par exemple : « Monsieur un tel a deux grandes oreilles, » et il ne s'agit ici que des seuls budgets *de* 1830 *et de* 1843 (et non de 1843 et de 1830 ; 1830 est venu plusieurs années avant 1843).

Compensation faite des. — Il fallait *avec* les.

Ont en même temps éprouvés. — Vous vouliez dire : *pendant le même laps de temps*, car les accroissements et les décroissements n'ont pas été constatés *simultanément, en même temps.*

J'ai relevé ces incorrections par occasion d'abord, puis, parce que je ferai peut-être imprimer cette lettre, et que, « en notre époque de méfiance contre l'autorité, » quelques factieux pourraient prétendre, et quelques simples pourraient croire, par exemple, que, puisque l'on *opère* sur les rentes des accroissements et des décroissements comme à volonté, on peut faire sur elles d'autres *opérations* encore. Un financier *passé maître*, comme disent les gens de bien qui n'ont pas de méfiance contre l'autorité, un maître financier devrait *parler finances* comme un astronome doit parler astronomie, en des termes sévèrement exacts.

Voici la situation des rentes aux deux époques, en prenant les mots réduction et augmentation dans un sens absolu. — Le 5 0/0 s'élève à 147 millions de rentes, et a été réduit de 16,800,000 fr. — Le 4 1/2, qui est de 1,026,000 fr., a peu varié. — Le 4 0/0, qui a une importance de 22,500,000 fr., a éprouvé une augmentation de 20,500,000 fr. — Le 3 0/0, qui figure dans notre dette pour 46,500,000 fr., a été augmenté de 6 millions.

Somme toute, le montant des quatre natures de rentes sera,

pour 1843 (en arrondissant les chiffres), de. Fr. 217,500,000

Le budget de 1830 présentait une somme de 205,000,000

Et, *compensation faite des décroissements et des accroissements*, la différence, c'est-à-dire l'augmentation, ne serait que de. 12,500,000

Examinons maintenant ces résultats un peu plus profondément.

Les rentes inscrites à diverses époques antérieures à la révolution de Juillet, ou s'y rattachant par la cause et l'origine de leur inscription (1), doivent être portées pour Fr. 202,000,000

Vous les avez augmentées de 47 millions, savoir :

1° Par suite d'emprunts négociés pour un capital obtenu de 440 millions. 21,500,000

2° Pour une portion des versements des caisses d'épargne (102 millions). 4,000,000

3° Pour conversion en rentes de bons remis à la Caisse d'amortissement depuis 1833, bons dont le capital de 550 millions a été dévoré par les budgets, ci. 22,000,000

Total, en négligeant quelques centaines de mille francs. 249,500,000

Mais il a été purement et simplement annulé en 1833, c'est-à-dire biffé du grand-livre, sur les rentes que la Caisse d'amortissement avait rachetées et possédait (elles s'élevaient à 37 miillons avant la révolution de Juillet) . . 32,000,000

Et alors, malgré vos 47 millions d'inscriptions nouvelles, les rentes ne s'élèvent qu'au chiffre indiqué ci-dessus, de. 217,500,000

(1) Voy. *Tableau de la dette publique et des budgets.*

Mais annulez et biffez les 46 millions de rentes que la Caisse d'amortissement possède aujourd'hui (y compris celles qui proviennent de la conversion des bons), et vous aurez une bonne économie de 46 millions. Je ne demande pas mieux, du reste, et pour plusieurs motifs, qu'on annulle les rentes de la Caisse d'amortissement, mais vous ne voudrez jamais, vous, parce que la plus grande partie des revenus (appartenant au 5 0/0) de l'amortissement est payée avec du papier, et, au moyen d'un ingénieux mécanisme, forme une recette au budget, une commode ressource à mettre en regard des dépenses extraordinaires présentes et futures. Mais cette discussion sur les réserves de la Caisse d'amortissement, qui augmentent incessamment les budgets par les créations de rentes nouvelles, qui sont une ressource précaire et dangereuse pour le crédit public, subordonnée qu'elle est à l'immobilité de ce crédit, — cette discussion demanderait trop de développements.

Caisse d'amortissement.—La *dotation* de cette Caisse, qui s'augmente à chaque nouvel emprunt d'un pour cent du capital nominal des rentes alors créées, était, en 1830 (y compris l'augmentation causée par le dernier emprunt de la Restauration et inscrite depuis le vote du budget), de. . . . . Fr. 41,665,050

Et vous avez dû la porter à.	46,526,683
Augmentation vous appartenant, non compris le revenu en rente.	4,861,633

Intérêts, primes et amortissement des emprunts contractés pour ponts et canaux, principalement en 1821 et 1822. Vous êtes ici héritiers obligés d'engagements souscrits avant votre naissance politique, et l'on ne peut rien vous reprocher au sujet de ces engagements, qui nous coûtent annuellement 10,445,300 fr. Cependant (et vous me reprocherez si vous le voulez, si vous l'osez, que je mets de la méchanceté dans mes observations), pourquoi les projets de loi de rachat des actions de jouissance jusqu'à l'abus présentés, et même discutés, et adoptés par la Chambre des Députés, ne peuvent-ils arriver à être formulés en lois? Pourquoi? Quand des lois d'intérêt bien moins général et public sont si prestement formulées, discutées, votées, promulguées.—Pourquoi? Dites-le-moi.

Intérêts de la dette flottante.—Ils étaient, en 1830, de. . . . . Fr. 6,000,000

Ils sont, pour 1843 (basés sur une dette de 400 millions à 3 1/2, non compris diverses dettes en compte courant sans intérêts), de. 14,000,000

Et l'augmentation de. 8,000,000

est la conséquence de ce qu'en votre ministère, où tout se peint en beau, on nomme confiance et prospérité publiques, mais qu'à la ville et en province on nomme déficit.

Intérêts de cautionnements.—Ils s'élèvent à 9,250,000 fr., 250,000 fr. de plus qu'en 1830, et cette augmentation de dépense, malgré le remboursement des cautionnements des receveurs de la loterie, résulte probablement de l'augmentation des emplois depuis 1830 (malgré vos réductions et économies) et de l'augmentation des cautionnements des journaux, depuis la grande part qu'ils prirent à la Révolution de 1830 (malgré les *facilités* et augmentations de liberté accordées à la presse en récompense).

Rentes viagères.—Cette dette datant de l'ancienne monarchie et ne pouvant être augmentée, se réduit progressivement pour s'éteindre avec la vie du dernier rentier. Elle s'élevait encore, en 1830, à. . . . . Fr. 7,000,000

Elle n'est plus aujourd'hui que de. 3,100,000

et, malgré ma bonne volonté, je ne puis vous louer de cette *économie* ; ce sera pour une autre fois.

SUITE DE LA DETTE PUBLIQUE.

Pensions.

Plusieurs mouvements et virements ont eu lieu sur ce chapitre, qui s'élève à 60 millions 1/2 : 1 million 1/2 de plus qu'en 1830, en y comprenant les subventions aux caisses de retraites des divers ministères, qui sont respectables aux mêmes titres que les autres pensions.—Soit dit sans préjudicier aux observations sur le nombre immodéré des employés.

« La diminution *obtenue* sur les *pensions de la pairie* et des « anciens sénateurs de l'Empire, par l'extinction des titulaires; « par suite de renonciation et de radiation pour refus de pres- « tation de serment; et d'abrogation des pensions ecclésiasti- « ques, » est de 2 millions ou de 300,000 fr., selon le point de vue d'où l'on envisage cette étrange dépense. Va pour 2 millions.

Les *pensions civiles* sont, comme en 1830, de 1,500,000 fr., malgré quelques charges nouvelles.

Les *pensions à titre de récompenses nationales* sont de 500,000 fr. et nouvelles.

Le chiffre des *pensions militaires* est de 43,940,000; il était de 45,600,000 fr. Le prodigieux état militaire actuel contribue à entretenir les charges qui nous avaient été léguées par nos longues guerres, et l'on voit ici qu'une économie de 3 millions, signalée complaisamment aux services du ministère de la Guerre, n'a été qu'un simple transport de chapitre, comme le fait vivement ressortir le commentateur des pensions. —Voilà tout ce que je puis dire, car les raisonnements dudit commentateur ne sont pas intelligibles, du moins pour moi.

Ainsi il dit : « De 1830 à 1842 les extinctions ont excédé le « nombre des nouvelles inscriptions ; si elles n'ont pas amené

« une plus forte réduction, c'est à cause des améliorations no- « tables qui ont été introduites dans le taux des pensions mili- « taires par la loi du 11 avril 1831. » Jusqu'ici c'est très-clair ; on comprend bien que les pensions nouvelles sont, en moyenne, plus élevées que les anciennes, et je n'ai besoin de reproduire les calculs donnés à l'appui ; mais si l'on continue, on ne comprend plus : « En même temps que les concessions « annuelles se réduisent progressivement en nombre et en « sommes, les parties qui s'éteignent sont d'un taux moyen « plus élevé. » — Mais, Monsieur, celles qui s'éteignent sont nécessairement les plus anciennes, prises dans leur ensemble ; les plus anciennement accordées aux militaires retirés du service, — et vous venez de dire que les nouvelles sont d'un taux plus élevé que les anciennes. « Il est dès lors certain que ce « chapitre subira, dans les années qui vont suivre, une impor- « tante réduction. » Il est certain que celui qui a écrit ces explications a de la bonne volonté, mais il faut qu'il travaille, et beaucoup, son art d'arranger les explications. Di tes-le-lui.

Les *pensions ecclésiastiques* sont de 1,320,000 fr. Elles s'éteignent rapidement en raison de l'âge avancé des titulaires, et je conviens que vous avez *obtenu* sur ce chapitre une économie de 4 millions.

Le chiffre des *pensions de donataires* décroît aussi par les décès des titulaires, mais moins rapidement, en raison de la réversibilité au premier degré. Elles sont de 1,275,000 fr., et vous n'avez *subi* qu'une réduction de 235,000 fr.

Les pensions de la *caisse de vétérance* de l'ancienne Liste civile sont nouvelles ; elles sont de 600,000 fr., et ont été inscrites au même titre que celles des administrations, sur fonds de retenues (1).

(1) Un fonds de 400,000 fr., pour secours aux pensionnaires de l'ancienne Liste civile, est en outre annuellement accordé à titre gratuit.

« La subvention au *fonds de retraite des divers ministères*, à « l'exception de celui des Finances, était réductible par ving- « tième, et a dû cesser d'être portée au budget en 1838. » Au budget.... de la dette publique, deviez-vous dire; car la même subvention est, en détail, portée pour 1,530,936 fr. au budget de chacun des ministères, et votre économie signalée de 783,400 fr. a tourné en une augmentation de 747,536 fr.

La *subvention* à la caisse des retraites des employés divers du *ministère des Finances* et de ses administrations, s'élève à 9 millions, — 8 de plus qu'en 1830, — par suite de l'épuisement d'une partie d'anciennes ressources, et aussi en conséquence des mises à la retraite considérables, accordées ou imposées pour avoir des emplois disponibles, et encore par suite de l'élévation trop considérable de votre armée et de ses *réformes*.

Enfin, vous terminez le chapitre des pensions en disant que, « en résumé, les points de comparaison proposés ne sont point « complets, en ce que, etc.... » — Il fallait, Monsieur, les compléter ou ne pas les proposer, ou les poser différemment, — et qu'en réalité, vous avez obtenu, sur le service des pensions, une réduction de dépense de 9,213,500 fr., et même de 10,997,500 fr., — négligence faite des pensions des employés de tous les ministères, que vous auriez dû, ce me semble, compter pour quelque chose (pensions et employés); et moi, tout compte fait, sans erreur ni omission, mais sauf les crédits supplémentaires, je vous dis que vous avez obtenu à nos dépens une augmentation de dépense de 1,650,586,692 fr.

Dotations.

La *dotation de la Liste civile* était, en 1830, de	Fr. 25,000,000	Fr. 32,000,000
Et celle de la famille royale de	7,000,000	
Elle est aujourd'hui, y compris le million du comte de Paris, et le douaire de la duchesse d'Orléans, et déduction faite d'un million depuis la mort du duc d'Orléans, de		13,300,000
Et la réduction de		18,700,000

est bien véritablement l'économie la plus limpide de toutes celles que la Révolution de 1830 avait fait espérer, car il se fit une révolution en 1830, je crois vous l'avoir rappelé déjà, et vous avoir parlé des manifestes économiques de l'époque; je vous y renvoie, ainsi qu'à d'autres, dont vous semblez avoir perdu le souvenir.

Les *dépenses de la Chambre des Pairs* s'élèvent à 720,000 fr., et ont été réduites de 80,000 ; celles *de la Chambre des Députés* sont de 722,000 fr., et ont été augmentées de 122,000. Hé ! pourquoi donc cette augmentation? Et, à côté de ces dépenses annuelles, sont des millions presque annuels aussi, pour divers travaux d'agrandissement et d'embellissements aux palais de nos contrôleurs des dépenses. On comprend qu'au Luxembourg des travaux pour l'agrandissement d'une salle, qui n'avait pas été destinée d'abord à recevoir le public, aient donné l'occasion de faire beaucoup d'autres travaux; — *il n'en coûte pas plus pendant qu'on y est*, dit le proverbe. — O proverbes! sagesse des nations! — mais, au Palais-Bourbon, on comprend moins ces luxueux et renaissants travaux d'architecture, sculpture, tenture, serrures, vernissure, enjolivures, dorures, peinture et peinturelures; — je demande la clôture. —

Les revenus de la *Légion-d'Honneur* étant de 7 millions, et insuffisants, la loi du 6 juillet 1820 affecta au paiement intégral des traitements divers des anciens membres et à celui des sous-officiers et soldats nouvellement décorés, une subvention de 3,400,000 fr., qui devait décroître avec le nombre des membres recevant un traitement : cette subvention n'est plus aujourd'hui que de 528,000 fr., et elle eût suivi une progression d'un autre ordre si les sous-officiers et soldats n'étaient les seuls auxquels un traitement soit maintenant accordé (1).

Fonds communaux et Restitutions, Non-Valeurs et Primes.

Cette portion du budget s'élève à 62 millions, 20 de plus qu'en 1830; elle comprend, pour 18 millions en 1830 et 33 millions en 1843, les centimes sur contributions directes imposés additionnellement pour des dépenses de diverses villes et communes. Ces dépenses spéciales du budget sont de même nature que celles qui figurent au ministère de l'Intérieur, avec cette *différence* cependant, que celles-ci concernent les départements, sont inscrites dans les services du ministère de l'Intérieur, et

(1) Si la question m'importait, je demanderais que tous les membres de la Légion-d'Honneur, civils et militaires, reçussent le traitement anciennement affecté à leur grade dans l'ordre. Ce serait, je le crois, un bon moyen d'arrêter court la profusion de décorations dont quelques personnes se plaignent; car la profusion entraînerait une dépense considérable, et alors on serait plus économe de brevets d'honneur, peut-être.

sont soldées par les payeurs du Trésor, tandis que les autres concernent les communes, sont dans les services du ministère des Finances, et sont payées par les receveurs généraux. Il y a peut-être encore une autre différence, c'est que le titre de *restitutions*, sous lequel elles sont classées, se prête plus complaisamment à l'abus, à la confusion que, en matière d'impôts, il vous plaît ou vous convient de faire des mots. Je vous ai ou je ne vous ai pas convaincu par mes observations sur les centimes additionnels départementaux; dans les deux cas, je m'y réfère (voir pages 31 et 59).

Quant à 7,500,000 fr. de non-valeurs sur les différentes natures de contributions directes, tout ce que je puis vous accorder, c'est que cette somme est la plus improductive de toutes les dépenses improductives, mais comme le fisc, qui ne perd rien, retrouve l'équivalent de ces non-valeurs au chapitre des contributions directes, ladite dépense est fort bien une dépense.

Pour ce qui est de 2,366,000 fr. de *remboursements* à qui de droit, pour sommes indûment et mal à propos perçues par les receveurs trop empressés des contributions et impôts indirects (1), on pourrait doubler cette somme, et ce serait justice pour la plupart des paragraphes de ce chapitre, car, *dans le doute*, soit dit pour demeurer dans les termes de la modération, lesdits receveurs, empressés à « faire produire à l'impôt tout ce qu'il peut produire, » et tout-puissants, perçoivent les droits au maximum, et pour ravoir son acte ou son contrat déposés, pour voir laisser passer sa marchandise, le redevable, ou supposé tel, doit payer tout d'abord, sauf recours auprès des agents supérieurs ou procès devant les tribunaux, et beaucoup de redevables, ou supposés tels, paient pour éviter les longueurs des recours, les ennuis d'un procès, surtout quand la somme est mi-

(1) Enregistrement, timbre, douanes, contributions indirectes, postes.

nime. Il est inutile de dire que ces deux dernières dépenses sont plus considérables qu'en 1830, non, cette fois, par la seule et bonne raison qu'elles sont dans votre budget, mais parce que plus les lois d'impôts sont exigeantes et multipliées, plus il y a de « *non-valeurs* et de *sommes mal à propos perçues*. »

Les distributions de *portions d'amendes*, saisies et confiscations, faites pour 3,300,000 fr. aux communes, aux hospices, aux agents des douanes, des contributions indirectes et de la force publique, ainsi qu'aux *indicateurs*, sont de véritables dépenses, puisqu'elles sont prélevées sur les recettes effectuées, et forment, quant aux parties profitantes, ou une subvention ou une augmentation de traitement. Il y a, comparativement à 1830, une « diminution de 414,000 fr., résultant de variations inhérentes « à ce service. »

La répartition d'un million de produits du plombage des colis, etc., en matière de douanes, se faisait, en 1830, sans que son importance figurât au budget. On ne peut que vous engager à continuer d'inscrire au budget beaucoup d'autres recettes qui s'effectuent à son insu, dit-on. Quoi que vous en disiez, cette dépense est encore une dépense bien réelle, représentant un impôt levé sur le commerce et venant en augmentation des appointements des employés.

Quant aux primes de douanes à l'exportation de marchandises, allouées comme encouragements à nos manufacturiers et industriels, et en restitution de droits perçus à l'importation des matières brutes, comme il n'est pas dans mes habitudes de porter des accusations, surtout lorsqu'elles sont graves, sans en fournir la preuve, je me contente de dire que, s'élevant aujourd'hui à 11,500,000 fr., cette dépense n'est que de 1,500,000 fr plus élevée qu'en 1830. Et même, pour terminer ma lettre, comme il est d'usage de terminer toutes les lettres, par un compliment, je dirai que cette augmentation était naguère

infiniment plus considérable, ce qui doit faire supposer que les criants et graves et nombreux abus en matière de primes, si souvent signalés, ont été réprimés, ou au moins diminués. Efforçez-vous, monsieur le ministre, de réprimer, ou au moins de diminuer les abus qui existent *encore* dans votre budget, et vous aurez droit à l'hommage infini de sentiments empressés de reconnaissance et de respect.

Post-Scriptum.

On vient de voir ce que devient l'argent levé sur la France, et, comme le disait le *Journal des Débats* (24 février 1843), louangeant votre œuvre comparative des budgets, et, comme de coutume, vos œuvres diverses :

« En ces temps-ci, où tous les esprits s'accordent à demander « des preuves positives et matérielles, l'administration de juillet « est ainsi en mesure de fournir les siennes, de manière à satis- « faire les plus exigeants, à persuader les plus incrédules. » Mais les crédits supplémentaires, extraordinaires et complémentaires ne viendront que trop changer et charger encore le résultat final, c'est-à-dire primitivement final de votre budget de 1843; déjà, de 72 millions, le déficit s'est élevé à 82 (1). Comme tout le monde sait les abus et l'importance de ces crédits, qui s'élèvent chaque année à plusieurs dizaines de millions, je vais faire simplement l'histoire d'un chapitre que je prends dans le dernier budget réglé et voté définitivement (1839), le chapitre des *Frais de voyages et de courriers* (*affaires étrangères*), sur lequel le hasard de quelques recherches m'a fait arrêter. Je dis frais de voyages et non de *missions*; il ne faut pas confondre.

(1) Voir le volume du budget de 1844.

Il était, dans le primitif budget, doté de. . . Fr. 600,000 et j'admirais qu'il ne figurât pas dans les divers services pour lesquels divers millions furent inscrits dans la loi *générale* des crédits supplémentaires, où les missions figurent pour 450,000 fr., lorsque j'avisai que les ministres s'étaient ravisés et avaient présenté, trois mois après, la *loi collective* des crédits supplémentaires; vous voyez que je ne confonds rien. Notre chapitre y est inscrit pour. 60,000

Arrivé le règlement, ou, comme on dit, la clôture de l'exercice, je vis dans le compte des finances une nouvelle augmentation à titre de crédit complémentaire (1) de. . . . . 20,207,25 et en regard, par forme de justification, cette phrase hautaine ou timide, je ne sais: « Insuffisance des crédits accordés pour cette nature de dépense. » Les Chambres votent et accordent ce nouveau crédit, comme de coutume (et de raison, ajouterez-vous). Bien : mais est-ce tout? Non : on a dit *la clôture*, on n'a pas dit la *clôture définitive*. Vient, avec l'année suivante, la loi ordinaire des crédits extraordinaires, et le même chapitre, du même exercice 1839, reparaît encore (1) au titre des exercices clos pour un

(1) Comme je voulais avoir raison des deux crédits complémentaire et supercomplétaire, je recourus, pour le premier, au volume du projet de loi de règlement; mais ce ne sont que des chiffres, des pages de chiffres; et ce qu'on appelle *annexes et développements des tableaux* n'est que la répétition desdits tableaux, si ce n'est que trois colonnes sont données deux fois dans la même page au lieu d'une, et qu'une autre est dédoublée : si ce n'est encore qu'au lieu d'être d'une entière blancheur, la colonne *explications* reproduit les justifications du *compte des finances*. —Soit pour notre chapitre : « Insuffisance des « crédits accordés pour cette nature de dépense. »

J'allai au volume des crédits supplémentaires de 1842, pour le crédit supercomplémentaire. Une note préliminaire indique bien des « développements

crédit supercomplémentaire de 8,582,51

Arrivera-t-il de Trébisonde ou d'Ispahan quelque courrier dont la *mission* serait de venir dire que le chapitre susdit est insuffisamment doté de. 688,789,74

Ne dites pas que cela est misérable et mesquin ; mais reconnaissez que j'aurais pu dépouiller d'autres et énormissimes services et crédits, tels que les *fourrages* de la gendarmerie et de la

« relatifs aux ministères des Cultes, des Affaires étrangères et de la Marine. » (Le ministère de la Guerre a eu un volume à part.) — Voilà mon affaire, me dis-je, mais tant pis pour ceux qui en auront aux autres services. La note ajoute : « Au surplus, une somme de... seulement a été payée en « l'absence des Chambres ; le surplus, de... ne doit être acquitté qu'après « sa décision. » Pourquoi cette différence, si, *au surplus*, il y a une différence ? demandai-je à un ancien. — C'est que les rappels d'exercices clos sont de deux natures : l'une n'est que le paiement d'une dépense déjà approuvée ; l'autre doit faire l'objet d'un crédit législatif selon les formes et formules prescrites par la loi du 23 mai 1834. — Mais elle renvoie à celle du 24 avril 1833. — Voyez. — Mais il y a six lois qui portent cette date. — La bonne, dans l'espèce, car toutes les lois de finances sont bonnes, très-bonnes, est celle qui s'appuie sur l'article 152 de la loi du 25 mars 1817, et abroge l'article 21 de la loi du 27 juin 1819 : Comprenez-vous ? — Et vous ? — C'est avec l'ancien que je causais.

Il faut traverser plusieurs déserts de chiffres avec des inscriptions de colonnes pour repos, avant d'arriver, par exemple, à la page 29, qui n'explique rien ; à la page 41..... qui est blanche ; page 42, un titre : « Affaires étrangères. » 43, une page blanche ; 44, un titre ; 46, ce n'est pas cela ; 50, deux titres, deux sous-titres, sept lignes d'explications, et notre chapitre n'y est pas. — Que le bon Dieu vous bénisse plus ou moins, dis-je, toujours à l'ancien ! — Page 51, deux titres, un sous-titre, quatre lignes d'explications.... Enfin, pages 110 à 119, ce sont les développements... Hélas ! c'est la répétition de la page 29. Plus loin, ce sont des ordonnances royales. En cherchant et recherchant les explications annoncées, j'ai compté, dans ce petit volume, 30 pages blanches comme une robe d'innocence, et 53 autres pages remplies par un titre ou un texte de deux à huit lignes. Ne pourrait-on supprimer, des ordonnances, au moins les formules banales et invariables, pour donner des développements à vos développements ? — C'est à vous maintenant, M. de Lacave, que je m'adresse. — Et comme tous vos livres sont ainsi faits, on peut vous demander encore si l'on ne pourrait économiser, sinon sur les frais d'impressions, au moins sur le papier ?

cavalerie de ligne, qui viennent tous les ans, avec des explications que je vais *copier dans vos livres :*

1830. Augmentation du prix des fourrages.

1831. Augmentation du prix des fourrages.

1832. Augmentation inattendue du prix des fourrages.

1833. Réduction sur un service, déduction faite de la somme de... applicable au renchérissement des fourrages.

1834. Augmentation survenue dans le prix des rations de fourrages.

1835. Élévation du prix moyen de la ration de fourrages.

1836. Économie sur... compensation faite de l'élévation du prix de la ration de fourrages.

1837. Renchérissement des fourrages.

1838 (Il y a pour cette année un excédant de dépense assez considérable sur le crédit primitif; mais je ne pourrais affirmer que ce soit par suite du renchérissement de la ration. Les documents explicatifs me manquent.)

1839. Économie sur..., compensation faite de l'augmentation du prix de la ration de fourrages.

1840. Économie sur..., compensation faite du prix de la ration de fourrages.

1841. Augmentation du prix de la ration de fourrages.

1842. Renchérisssement du prix des fourrages.

Je sais des gens qui feraient, je ne dis pas qui font, bonne chère avec tous ces fourrages. — Notez que je ne parle pas des augmentations pour accroissement d'effectif, campement, baraquement et courses de plaisance. Je ne pose pas de chiffres non plus; j'ai de la modération, comme toujours, et vous ne voudriez pas y croire, — croire aux chiffres, car ma modération est notoire, quoique je ne vous prie pas de m'en avoir obligation.

Dernier mot.

Votre ministère, dans un intérêt de portefeuille, ne craignit pas, à son entrée dans le Parlement, de jeter l'épouvante dans le pays, en lui signalant un milliard de déficit, autour duquel il groupait un demi-milliard de travaux publics, et à côté duquel il n'indiquait pour remède que quelques misérables millions d'un excédant de recettes de 1839, et une capitalisation possible de quelques bons de l'amortissement. Le 19 mars 1841, le ministre des Finances disait encore : « *Nous sommes en présence d'un milliard 34 millions de déficit.* » Bientôt les choses changèrent de face : la majorité supportant le ministère, le déficit fut, par enchantement, *réduit à 305 millions.* (Séance du 31 janvier 1842; volume du budget de 1843.) Bon! disait le contribuable : 729 millions de gagnés en moins d'un an! cela promet... Ce ministère est moins mauvais qu'on ne prétendait!... et autres belles exclamations et acclamations...

Mais l'histoire et l'appréciation des déficits me conduiraient trop loin. Cette lettre, d'ailleurs, est déjà bien longue : je me bornerai donc à vous prier, sinon d'exécuter les promesses de votre programme, au moins de vous apercevoir que vous nous servez de toutes autres choses, à peu près comme si le monsieur dont je vous parlais dans ma préface faisait servir par ses gens à ses invités, au lieu de chère lie, de grands coups de bâton.

Donc, le budget de 1842 était déjà énorme, plus élevé que tous les budgets primitifs connus; — mais ce n'était pas votre faute, disiez-vous. — Passons : crédulité n'est pas vice.

Le budget de 1843... plus énorme encore!... Oh!

Et pourtant l'horizon politique que vous nous faites est serein, très-serein, le calme est plat, très-plat. — Mais la patience est une vertu... pitoyable; mais c'en est une. Patience! attendons 1844.

Le budget de 1844... plus énorme encore que celui de 1843!... Oh!

Oh! à la fin, c'est trop fort, monsieur le ministre des Finances. Allez vous faire nommer maître ou président des comptes à vérifier, mais ne dressez plus les nôtres!

Comment! le budget des recettes de 1844 s'élève à . . . . Fr. 1,527,228.366

46 millions de plus que celui de 1843!

Et celui des dépenses à. . . . . . Fr. 1,404,513,710

51 millions de plus que celui de 1843!

Et vous avez encore un déficit, et un déficit de . . . . Fr. 77,285,344

Cinq millions de déficit de plus qu'en 1843.

Si cette perturbation et ce désordre étaient entraînés par les dépenses des travaux publics extraordinaires de diverses natures, et par celles des chemins de fer projetés et commencés, on pourrait au moins vous dire d'économiser sur les autres services; de ne dépenser que ce que vous pouvez payer : mais non; les services ordinaires sont eux-mêmes en déficit! Malgré l'augmentation de 41 millions des produits de 1843, ce qui porte le budget ordinaire (1) à 1,247,000,000

Les dépenses ordinaires (2) ayant été montées jusqu'au chiffre de. 1,281,000,000

(1) Tous les chapitres des impôts et revenus du budget de 1844 entrent dans l'augmentation de 41 millions.

Il est à remarquer que le retour de l'année bissextile ayant donné à 1843 un jour de consommation de plus, les produits des divers impôts indirects se trouveront, par cette cause, élevés dans des proportions qui forment ensemble 1,898,000 fr.

(2) Parmi les augmentations de dépenses proposées pour 1844, on remarque principalement : Les frais de transport et de détention des condamnés, consé-

Il y a encore, toujours *pour les services ordinaires*, un déficit de. 34,000,000

Allez donc vous faire nommer maître ou président des comptes faits, mais ne dressez plus les nôtres !

Ce n'est point l'augmentation des produits indirects qui est ici attaquée. Elle résulte, pour beaucoup, de l'augmentation de la population (par conséquent de la consommation) et du maintien de l'état de paix, plus propice que l'état de guerre au développement de plus d'industries et à l'accroissement de certaines richesses individuelles, et même de la richesse publique. Mais l'augmentation désordonnée des dépenses, mais l'anarchie budgétaire, mais le déficit normal, vous forcent à *faire rendre à l'impôt tout ce qu'il peut rendre*, au lieu de le réduire ; mais si le budget des recettes s'accroît naturellement, vous grossissez encore plus les dépenses, et tous les jours les engrossez d'impurs et calamiteux chapitres ; mais que la paix soit rompue, la paix la plus longue dont nos annales fassent mention, la paix que vous avez mise en équilibre sur un fourreau vide, et nous serons, malgré les budgets de la guerre (4 milliards depuis 1830), payés comme si nous étions en guerre, dans une situation plus pitoyable encore que n'était celle qui fut révélée en 1840 (1).

quence de l'augmentation des crimes et délits ; — le ministère de la Marine pour 4 millions ; — l'augmentation des membres du clergé et autres dépenses du culte catholique ; — les travaux publics, constructions et achèvement de monuments et édifices, navigations, chemins de fer, etc..... pour 17 millions ; — le ministère de la Guerre, pour 12 pacifiques millions ; — les intérêts de la dette flottante, pour 4,500 000 fr. ; conséquence du désordre financier qui empire chaque année ; — les rentes 3 p. 100 pour 2,600,000 fr., en prévision de celles dont notre dette publique est incessamment chargée par la capitalisation des bons d'abord donnés à la Caisse d'amortissement ; — divers chapitres et augmentation du personnel des administrations, parmi lesquelles la vôtre figure pour 1,668,748 fr. juste.

(1) Malgré les sommes énormes imposées pour l'entretien d'une grande force militaire, nous étions faibles en 1840, sous l'apparence imposante que nous donnait une comptabilité aux chiffres bien alignés, bien brossés, qu'on avait

Dans votre système financier, ce sera la dette flottante qui supportera le poids des dépenses extraordinaires, en attendant la réalisation des emprunts et des réserves de l'amortissement : et c'est déjà elle qui a et qui aura la charge des déficits non com-

laissé faire, c'est-à-dire administrer, au lieu de constater. On découvrit enfin — pour ne citer qu'un exemple, dont quelques détails n'ont peut-être pas été assez appréciés — on s'assura que notre cavalerie ne présentait qu'un effectif de 14,000 chevaux en état d'entrer en campagne, sur 40,000 qui figuraient dans les beaux états de la comptabilité, et qui étaient sans doute dans les régiments. — Pourquoi cela ? comment cela ? — C'est ce que nous apprendra une bonne enquête. Et en attendant, de l'argent ! beaucoup de bon argent pour remédier à un tel état de choses. — L'enquête terminée, il appert que la détérioration chevaline résulte du mauvais état de toutes les écuries de toute la France. — Toutes les écuries de toute la France sont mauvaises, dit le ministère à la Chambre des Députés, donnez-nous 24 millions pour les réparer et les rebâtir, rien de plus, rien de moins, et vous y gagnerez ce que le chapitre Cavalerie nous fait perdre tous les ans. — Diable ! dit la Chambre des Députés de l'année 1841, 24 millions!....... Cependant, puisque toutes les écuries de toute la France sont mauvaises, prenez les 24 millions, les voilà..... Le projet de loi est présenté à la Chambre des Pairs ; mais là se trouvent de vieux généraux et des administrateurs qui réfléchissent que c'est par trop extraordinaire que toutes les écuries de toute la France soient mauvaises, et qui (seulement pour leur satisfaction) font une contre-enquête de laquelle il résulte que les chevaux de notre armée sont usés après une moyenne de trois ans et demi (je me trompe peut-être de chiffre, mais je ne m'en écarte pas beaucoup), tandis que ceux de la gendarmerie (où les hommes sont *propriétaires* de leurs chevaux) et ceux des puissances étrangères fournissent à un bon service plus long du triple et davantage ; que cette différence provient principalement de ce que les chevaux, achetés à grands frais par l'État, passent trop jeunes et trop rapidement de l'écurie de l'éleveur aux manœuvres des régiments, où ils sont soumis à un service trop répété, trop fatigant, et à une nourriture de mauvaise qualité (mais payée comme bonne). D'autres considérations encore étaient développées sur les défectuosités de nos races, sur le système défectueux de leur élève..... etc., et le mauvais état des écuries françaises n'apparaissait que pour des exceptions de localités, dans les causes qui appauvrissaient notre cavalerie et nos finances..... Néanmoins le crédit de 24 millions fut voté ; mais comme toutes les écuries de toute la France n'ont pas besoin de réparations, on a appliqué ou on appliquera ce bon crédit à d'autres dépenses..... et ceux de la cavalerie vont leur train ordinaire.

blés !... Augmentation possible des revenus, emprunts passés et futurs, tout est dévoré ou hypothéqué. Quel système financier, quelle situation, grand Dieu !

Croyez-vous, après avoir ainsi administré notre fortune, après avoir cloué notre drapeau dans les caves de vos temples de Janus et du dieu des intérêts matériels, après avoir lié, châtré, démoralisé votre pays, après l'avoir laissé sans ressources devant l'ennemi menaçant, croyez-vous que vous seriez absous, pour dire un jour en quittant l'hôtel des Finances et en secouant la poussière des bureaux : « Je n'emporte rien, voyez mes poches; « je n'ai profité du pouvoir que pour faire du bien à ma famille, « à mes amis, aux protégés des hommes du Parlement? » Non, Monsieur; il ne suffit pas d'être honnête devant les lois pour être ministre des Finances !

Retournez à la Cour des Comptes, il est temps...

ERRATA.

Page 39, ligne 14 : Augmentation, 3,068,300, lisez 2,068,300.

Page 68, au chapitre *Forêts*, 3me alinéa, ajoutez la note suivante : Le temps ne m'a pas permis de m'assurer si, avant la loi du 2 mars 1832 sur la Liste civile, le *Domaine de l'État* ne jouissait pas déjà d'une portion des bois que j'ai réunis sous la dénomination de *Forêts de Rambouillet*. Dans le doute, j'ai pris le chiffre favorable au système que je critiquais.

Page 72, Impôt sur le sel : En plus à 1843, 26,917,000, lisez 3,917,000.

BUDGET DES DÉPENSES.

Pages		1830.	1843.	EN PLUS à 1843.	EN MOINS à 1843.
1	Préface.				
3	Avant-propos.				
7	Comparaison sommaire.				
11	Justice	19,529,020	20,393,875	864,855	»
20	Cultes	36,623,200	37,485,544	862,344	»
23	Affaires étrangères	8,116,000	8,453,291	337,291	»
25	Instruction publique	7.370,500	16,493,233	9,122,733	»
30	Intérieur	54,814,917	97,996,107	43,181,190	»
32	Commerce	10,284,283	13,055,507	2,771,224	»
34	Travaux publics	33,770,745	122,730,900	88,960,155	»
39	Guerre	192,598,724	330,580,792	137,982,068	»
44	Marine	72,177,900	106,905,876	34,727,976	»
	Finances :				
46	Services du ministère (y compris l'admin. centrale des contributions directes.	9,245,450	9,336,700	91,250	»
	Monnaies	439,300	317,780	»	121,520
	Cadastre	5,500,000	2,100,000	»	3,400,000
	Administrations financières : 1830, 122,081,152 ; — 1843, 148,744,641 :				
57	Contributions directes	18,120,000	20,177,634	2,057,634	»
	Taxations des receveurs-généraux sur les impôts indirects et div.	1,300,000	1,148,000	»	152,000
64	Enregistrement, timbre et domaines	10,730,960	11,596,650	865,690	»
67	Forêts	4,060,150	5,436,300	1,376,150	»
71	Douanes	23,850,998	25,075,750	1,224,752	»
	Contributions indirectes et poudres à feu.	25,358,944	24,816,930	»	542,014
76	Tabacs	21,880,276	30,128,139	8,247,863	»
79	Postes	16,779,824	30,365,238	13,585,414	»
85	Services supprimés : loterie, 3,203,895 ; refonte des monnaies duodécimales, 1,000,000 ; liquidation des indemnités de Saint-Domingue et des émigrés, 370,000.	4,573,895	»	»	4,573,895
86	Dette publique	334,315,670	360,427,831	26,112,161	»
94	Dotations	36,800,000	15,970,000	»	20,830,000
95	Fonds communaux ; non-valeurs ; restitutions ; primes.	42,949,397	62,269,300	19,319,903	»
98	Post-scriptum (crédits supplémentaires)				
102	Dernier mot (budget de 1844).	991,190.153	1,353,261,377	391,690,653	29,619,429

En plus à 1843.... 362,071,224

BUDGET DES RECETTES.

Pages		1830.	1843.	EN PLUS à 1843.	EN MOINS à 1843.
	Impôts et revenus directs et indirects.				
57	Contributions directes.	327,562,684	402,012,768	74,450,084	»
64	Enregistrement . .	154,323,000	195,736,000	41,413,000	»
	Timbre.	28,822,000	33,922,000	5,100,000	»
	Douanes.	110,940,000	137,020,000	26,080,000	»
	Sels.	61,127,000	65,044,000	3,917,000	»
71	Contributions indirectes : boissons; sucre indigène; droits divers.	134,223,000	138,334,000	4,111,000	»
76	Tabacs	67,989,000	100,000,000	32,011,000	»
78	Poudres.	4,096,000	5,310,000	1,214,000	»
79	Postes.	30,523,000	48,393,000	17,870,000	»
	Impôts supprimés depuis 1830.				
85	Loterie 12,500,000 f. Jeux, 5,500,000 f.	18,000,000	»	»	18,000,000
	Domaines et divers produits.	937,605,684	1,125,771,768	206,166,084	18,000,000
	Domaines et produits de divers établissements . .	5,388,000	6,443,660	1,055,660	»
67	Produits des forêts.	29,695,111	34,862,000	5,166,889	»
82	Recettes diverses. Droits universitaires. Recettes de l'Algérie et des colonies. Produits de diverses origines.	25,448,614	39,095,932	13,647,318	»
	Expédients.	998,137,409	1,206,173,360	226,035,951	18,000,000
85	Ressources extraordinaires à prélever sur le produit des emprunts. . .	»	75,000,000	75,000,000	»
		998,137,409	1,281,173,360	301,035,951	18,000,000
	En plus à 1843.			283,035,951	

Nota. Le budget des recettes de 1830 avait été évalué à . . . 979,787,135
et celui des dépenses à 972,839,879
Mais il y a été ajouté ici la somme de 18,350,274
montant de divers services spéciaux, administrés en dehors des budgets en 1830, et, depuis, successivement rattachés, savoir : en recette *aux Produits de Domaines* et *Recettes diverses*, 17,350,274 ; aux *Douanes*, 1,000,000 ; en dépense : au ministère de l'*Instruction publique*, budget de l'Université, etc., 3,793,800 ; au *Commerce*, haras, bergeries, écoles vétérinaires, etc., 1,028,000 ; à la *Guerre*, écoles militaires, invalides de la guerre, poudres et salpêtres, etc., 5,460,474 ; à la *Marine*, budget des colonies, etc., 7,008,000 ; aux *Finances* (*restitutions* à divers), répartition des produits de plombage des douanes, 1,000,000. — Somme égale, 18,350,274.